ディズニー こころをつかむ 9つの秘密

97%のリピーター率をうみ出すマーケティング

渡邊 喜一郎

ダイヤモンド社

——きっと、仕事でもサークル、ＮＰＯのような団体でも、「人を集めたい」「話題にしたい」「お客さまをとりこにしたい」「ファンを増やしたい」……、そういう思いを胸にしている方はたくさんいらっしゃると思います。

東京ディズニーランドがどのようなマーケティングを行い、どうやってゼロの状態からお客さまを呼び、リピーターを増やし、今や一大リゾートとして存在しているのか。この本に、ヒントが隠されているかもしれません。

はじめに

ディズニーの神髄は「これでもか、これでもか」にあり

1983年4月15日。あいにくの雨模様でした。関係者だけが集められたオープニングセレモニーは、真新しいワールドバザールの中央で行われることになりました。オリエンタルランドの高橋政知社長、熊川好生浦安市長、さらにはアメリカのウォルト・ディズニー・カンパニーから、カードン・ウォーカー会長（いずれも当時）が来日し、テープカットを担いました。

アメリカのディズニーランドの初めての海外進出、それが、東京ディズニーランドの開業でした。

あの開業の日から30年。東京ディズニーランドが放つ輝きは、今なお変わっていません。

初年度は入場者993万人。

そして翌年度の1984年4月2日には目標としていた入場者1000万人を、ついに達成することができました。

東京ディズニーシーの開業前には、1700万人を超える来場者を記録。東京ディズニーリゾートとして入場者数が発表されるようになってからも2500万人を超える入場者記録を毎年のように更新しています。これは、私が説明するまでもありませんが、他のテーマパークやリゾート施設ではありえないスケールでしょう。


それにしても、どうしてこれほどまでに、東京ディズニーランドは人を惹きつけるのか。どこにその秘密があるのか。何がすごいのか。どのようにして、ゼロ人から1000万人を超える入場者を獲得するに至ったのか……。

東京ディズニーランドの開業から10年間、マーケティング担当者として、さらには営業・開発担当者として携わった経験から、ディズニーのマーケティングを語ってもらえないか、という依頼をいただいて誕生したのが、本書です。

「ディズニーだからできたんだろう」

そういう声もあるかもしれません。

そして、そういう部分がゼロとは言い切れないかもしれません。

しかし、私はこのディズニーのマーケティングは、あらゆる業種業態、そしてどんな人間関係にも応用できる、とても汎用性の高い、ごくごく基本的なものだと感じています。

私は1981年、東京ディズニーランドの開業準備を進めていたオリエンタルランドに入社しました。同期は47名。大卒／高卒の定期採用2期生でした。当時は、更地のあちこちに、さまざまなアトラクションの建設が始まっていた頃。今では絶対に表には出すことのできない〝夢の国〟の建設途中の写真が私の手元にはたくさん残っています。

東京ディズニーランドの開業準備を推し進めていた頃、実はディズニーランドが日本にできるということを知っている人は驚くほど少数でした。ミッキーマウスはともかく、他のディズニーキャラクターを知っている人も多くはありませんでした。そんな時代、どうして私が東京ディズニーランドの開業準備中だったオリエンタルランドに入社することになったのか。それには理由があります。

私の中での最初のディズニーの記憶は幼少期、1960年代の「ディズニー・ランド」というテレビ番組でした。日本テレビで金曜日の放映。驚くべきことに、プロレス中継と週替わりで交互に放送するという編成でした。

当時は白黒テレビでしたが、今も鮮烈に覚えているシーンがあります。カリフォルニアにあるディズニーランドのスリーピング・ビューティー・キャッスル、いわゆる「眠れる森の美女の城」が出てきて、そこにアニメーションでティンカー・ベルが飛んでくると、てっぺんにちょん、と魔法の粉を振りかける。ここから番組が始まるのです。それは印象的なオープニングで、私の記憶に強く残っていました。

青春時代を過ごした70年代。私の関心は完全にアメリカに向いていて、雑誌『ポパイ』を読み漁る日々を過ごし、「高校を卒業してアメリカの大学に行く」と勝手に決めていました。結果的に親の強い反対を受けてあきらめ一応は日本の大学に進学したのですが、高校の卒業式の晩、羽田空港からノースウエスト機で、私はアメリカに飛び立っていました。

アメリカでは、見るモノ、聞くモノ、すべてが面白かった。ホームステイした家族と親しくなると、次回の渡米からはアポなしで訪れたりもしました。そんな無茶な私を、たくさんのアメリカ人がかわいがってくれ、受け入れてくれました。日本でアルバイトをし、お金を貯めては飛行機だけ手配してアメリカに行く日々。学生時代だけで、おそらく20回以上になると思います。

そしてこのときに私がアメリカ人に連れていってもらったのが、カリフォルニアのディズニーランドだったのです。スケール、遊び心、ホスピタリティ……。すべてに度肝を抜かれました。幼い頃に見たテレビの記憶も相まって、私はすっかりファン、というより、とりこになってしまいました。アメリカに行く度に、私はディズニーランドを訪れるようになっていたのです。

そして日本で求人情報誌をめくっていたとき、たまたま出あったのが、東京ディズニーランドを運営するオリエンタルランドの人材募集広告でした。日本にディズニーランドができる。あのディズニーランドを日本に作れる。これしかない！　と思いました。私はすでに内定をもらっていた大手商社を蹴って、オリエンタルランドの入社を選びました。好きなことをして、しかも給料ももらえるなんて、こんな最高の仕事はない、と思ったのです。

ただ同時に、果たして本当に成功するのだろうか、と思っていたのも事実です。アメリカのディズニーランドでは、誰もが笑い、楽しそうにしていました。そんな笑顔を本当に日本にも作れるのか。それは途方もなく難しいことに思えました。なぜなら、当時の日本にはそんな施設はどこにもなかったから。そもそも、ディズニーランド自体がさほど知られていなかったのです。

さらに、初めて見に行った、東京ディズニーランドの建設予定地、浦安市舞浜。当時は、そこは殺伐とした埋め立て地にすぎませんでした。第一声は、「ウソだろ、こんな場所に……ありえない」。そのくらい、当時は本当に何もない、埃の舞っている空き地だったのです。

入社後、英語が話せて、アメリカのディズニーランドにも何度も行っていた私は、アメリカから来ていた幹部の推薦もあり、マーケティングを担当する部署に配属されたのでした。そこでいきなり告げられたミッション。

『年間1000万人の入場者をどうすれば達成できるか考えよ』。

実は大学時代もほとんど学校に行っていなかった私は、このとき初めてマーケティングという言葉を耳にしたのでした。

以来、少しだけなじみのあったドラッカーの書物をひもとくなど猛烈に勉強しながら、同時にディズニーのマーケティングを実行する日々を送りました。

東京ディズニーランドを作るんだ、というひとつの目標以外はとにかく自由極まりな

い当時のオリエンタルランドという企業の中で、私は忙しいながらも本当に充実した日々を過ごしました。

大好きだった車で、しかも貨物ナンバーの4WDピックアップトラックで会社に通勤していたのも、この頃です。仕事もプライベートも、楽しくて仕方がありませんでした。

そして、何より入社初日に聞いた、オリエンタルランドの当時の総務部長、現在の加賀見俊夫会長のこの言葉が、私をいつも奮い立たせていました。

「君たちは、常に自分が社長になったつもりで考えなさい。社長の気分で仕事をしなさい。この会社は、そういう会社です。何かあれば、私が責任を取ります」

それを信じて、私は次々と押し寄せる、今から思い起こせば、びっくりするような難題に立ち向かっていったのでした。

そしてこのとき、東京ディズニーランドを作り上げていく過程で私が知ったのが、ディズニーの本当のすごさでした。なぜ、これほどまでに人々が惹きつけられるのか。どこにその秘密があるのか。私は仕事を通じて、それを垣間見ることになったのです。

ディズニーのマーケティングとは何か。

まず、その最大の特徴を端的に挙げるなら、ブランドに関わる目に見えるものすべてをコントロールする、ということだと思います。そうすることによって、作り上げたブランドを確固たるものにし、浸透させていくのです。

そしてブランドは、人々が欲しているものを見定め、〝絶対的な価値〟として送り出すということ。

大事なことは、自分たちの信念を揺るがせないことです。

そして、それが最終的に送り出せるだけの仕組みを作り上げる。

いいものであれば、絶対に人は集まると信じる。

「この指、止まれ」と言えるだけのものを、本当に作り出せる環境があるか、ということです。

さらに、これはマーケティングに限らず、ですが、ディズニーが人を惹きつける重要なポイントがあります。それは、人々が持っている予想を超えたものを提供する、ということです。

しかも、予想外のところで、あるいは期待のないところで。

いきなり度肝を抜いたり、最後の最後で「えっ！」と言わせたりする。

これを私は、「これでもか、これでもか」と称しています。実はあらゆるところで、ディズニーは「これでもか、これでもか」を実践しているのです。言葉を変えれば、その行いのすべてが、ディズニー的マーケティングであるとも言えます。

では、東京ディズニーランドにおいて、その「これでもか、これでもか」がどのようにして生み出されていったのか。これから、語っていきたいと思います。

目次

第2章 なぜ、人を感動させるのか
《クオリティを徹底的にコントロールせよ》

第3章 なぜ、初年度に993万人も集客できたのか

《ロジックとアイデアを掛けあわせろ》

第4章 なぜ、これほどリピーターが多いのか
《人の気持ちをくすぐれ》

第5章 なぜ、飽きられないのか

《ブランドを厳格に管理せよ》

第6章 なぜ、マスコミに取り上げられるのか
《メディアの気持ちを考えよ》

第7章 なぜ、3000円のポップコーンが売れるのか
《利益を先に追求するな》

第8章 なぜ、次々にアイデアが出るのか

《常識の枠を取り払え》

第9章 なぜ、ホテルを作ったのか

《相乗効果を狙え》

第1章——なぜ、夢の国なのか

《存在理由にこだわれ》

コンセプトを言葉にする

存在意義からはじまる

どうやって0から1000万人を集めたか、というお話をするために、そもそも東京ディズニーランドとはどういう存在なのか、というお話から始めたいと思います。

なぜか？

一見関係ないように思えるかもしれませんが、存在理由が明確にならなければ、決して人を惹きつけられないのです。

この章では、何かをゼロから立ち上げるときに、存在意義とコンセプトをもとに作っていくことがなぜ大事なのか、ご紹介したいと思います。

ディズニーランドとは、いったいどういうところなのでしょうか？　実は、それを最も象徴的に表している場所があるのです。私が東京ディズニーランドの開業準備を推し進めていたオリエンタルランドに入社したとき、研修で真っ先に見せられたのが「ディズニーランドとは何か」を解説したスライドショーでした。そのとき、冒頭に映し出されたのが、「そこ」でした。

さて、それがどこなのか、みなさんはおわかりでしょうか。実は、敷地内のあちこちにあります。いろいろな場所を思い浮かべているのではないでしょうか。あそこだろうか、ここだろうか……。マニアの方なら、すぐにピンときたと思います。では、答えをお教えしましょう。

それは、水飲み場です。

「なんだ、水飲み場？」と思うかもしれませんが、今度行ったときには、ぜひ探してみてください。そして見つけたら、そうなのか、と感動するはず。

では、東京ディズニーランドの水飲み場がどうなっているのか。

ちょろちょろと水が湧き出す金属の細長い蛇口が、２つついているのです。長いのと、短いのと。

これは、大人用と子ども用、です。お父さんと子どもが水飲み場に来て水を飲もうとすると、お父さんは長いほう、子どもは短いほうのちょろちょろで水を飲む。そしてこのとき、お父さんと子どもは、顔を見合わせながら水を飲むことができるのです。

頭に思い描いてみてください。お父さんと娘さんが、向き合って水を飲んでいる。き

ゃっきゃっと娘さんははしゃぎながら、お父さんもそれにつられて笑顔で水を飲む。とても幸せなワンシーンが、そこに作り出されます。

実はこの〝象徴〟、アメリカのディズニーランドには、ほんの数箇所しかありません。しかし、当時の東京ディズニーランドは、すべての水飲み場が大人と子どもが一緒に水を飲めるように作ってありました。これこそが、東京ディズニーランドの象徴、だからです。

なぜ「水飲み場」が象徴なのか？　という説明も、研修で教えてもらいました。それは、ディズニーランドという場所は、親子で、もっといえば家族で楽しんでほしい、という願いとともに作られた場所だからです。

世界で初めてディズニーランドがアメリカのカリフォルニア州アナハイムに生まれたのは、1955年のことです。作ったのは、ディズニーキャラクターを生み出した、ウォルト・ディズニーその人。映画で大成功していた彼が、なぜディズニーランドを作ったのか。有名な逸話が残されています。

あるとき小さな娘を2人連れて、ウォルト・ディズニーは遊園地に遊びに行きました。乗り物に乗って楽しそうな娘にひきかえ、彼は不満な時間を過ごしました。大人である自分に居場所がなかったのです。

このとき、彼の頭の中に浮かんだのが、子どもはもちろん大人も楽しめる場所を作り上げることでした。親子で、家族で楽しめる遊園地を作りたい――そうして生まれたのが、ディズニーランドだったのです。だから、親子で飲める水飲み場が「象徴」、そして「ここが存在する理由」なのです。

すべてに日常から離れた「物語」がある

ディズニーランドは、現実から離れた異空間であり、日常から離れた物語の場所なのです。そこに行くことは、単なるレジャーではない。海を越え、山を越え、空を超えていく、海外旅行のようなもの。まさに、夢の国！　私はマーケティング担当者時代、ずっとそう考えていました。実際、そう語れるだけの要素がありました。

それが、ディズニーの「物語」です。

東京ディズニーランドでは、すべてに物語があるのです。「カリブの海賊」にせよ、「ホーンテッドマンション」にせよ、単なる乗り物ではありません。

ただ技術的に優れたアトラクションが開発されたから、お客さまの満足度が得られたわけではない。そこに物語があるから、引き込まれる。印象に残る。興味を持ってもらえる。もちろん、アトラクションに限りません。イベントも食事も、すべて物語が背景にあります。

まず、物語は人々に伝えやすい、という特長があります。頭の中にその場面をイメージしてもらえるからです。だから、人にもメディアにも、物語と一緒に語ることで映像として印象に残すことができます。

更に、物語は企画を立てる際にも大きな武器になります。

入社してしばらくしたとき、上司に「物語」の使い方をこのように教わりました。

「例えば、レストランに入ると、お皿の上にカッティングしてあるダイヤモンドが置いてあるとする。渡邊君がお客さまだとして、これを見てどう思う？」

「綺麗なダイヤモンド、だと思いますが……」

「そう、それだけで終わる。では、『シンデレラ城の壁画に埋め込まれているダイヤモンドと同じものです』、と聞かされたらどう？」

私はヒザを打ちました。なるほど、こんなふうに、物語を膨らませて次々に話題を作り上げることができるのか！　物語があれば人の心を動かせるのです。

あらかじめ存在する物語がない場合は、作っていくこともあります。世の中で話題になっているものも長く愛されるブランドも、そこには必ず物語があるでしょう？　物語は作れるのです。ディズニーの場合、もともと物語性が強いものが多かった、ということです。


物語と夢の世界といえば、忘れられない企画があります。

今ほどまだ、クリスマスのイベントが認知されていない頃でした（これは後に詳しく書きますが、東京ディズニーランドがオープンした頃は、12月の日本の街は今のようなクリスマスムード一色ではありませんでした）。

どうすれば、「夢の世界のクリスマス」を日本の人たちに印象づけられるか？　みんなでアイデアを出し合い揉み合い、そして決まったのは、「アメリカのスケールのクリスマスをそのまま持ってくる」ことでした。巨大なモミの木を東京ディズニーランドの中に立てよう、と。

初年度は準備の時間もなく、あまり大きな木を立てることはできなかったので、2年目こそはもっと大きな木を立てよう、ということになりました。これぞアメリカのクリスマス、というものを見てもらおう、と。

しかし、普通に巨大なモミの木を立てるだけでは、インパクトはあっても夢はないんじゃないか、という意見が出ました。確かにその通りです。では、どうすればディズニーランドらしい夢を見せられるか？　そこで私たちが考えたのが、物語と組み合わせることでした。

とある森の中に、白雪姫と七人のこびとを送り込んだのです。そして、七人のこびとが巨大なモミの木を切り出してくる、という設定を考えたのです。

白雪姫と七人のこびとが、森の中をあの「ハイホー」を歌いながら歩いていく。そして、目指すモミの木にたどりつくと、力を合わせて切り倒そうとする。そのシーンをすべてビデオに撮ったのでした。

もちろん、ワールドバザールの中央に立てられたモミの木の下でもこの映像は流しましたが、私たちはこれを集客活動にも使いました。全国の旅行代理店にビデオを送り、東京ディズニーランドのクリスマスの物語として流してもらったのです。結果は、大成功でした。白雪姫と七人のこびとが切り出したモミの木を見てみたい、と。

実はここだけの話、後で気付いたのですが、七人のこびとの仕事は宝石発掘。木こりではありません。気付いたときには「しまった！」と思いました。そういうことで、以後、この企画は行われていないようです。

どこから見ても「興ざめ」させない

見えるはずのないりんごの裏側は？

ただし、単に物語があるだけではありません。その物語を、徹底的に追いかける。これでもか、これでもか、というほどにこだわり抜く。見えないところまで、妥協のない取り組みを行うのです。

「白雪姫と七人のこびと」のアトラクションで、魔法使いのおばあさんが出てきて、毒リンゴをパッと見せるシーンがあります。トロッコに乗っている人から見えるのは、おばあさんの手の中にあるリンゴのほんの一部。言ってみれば、乗っている人から見えるところだけ、リンゴになっていればいい、とも言えます。

これは私自身が見て確認をしたのですが、ディズニーは違います。

魔法使いのおばあさんの手からリンゴを取り外して見てみると、乗っている人から見えない裏側どころか、絶対に見えるはずのない芯の部分まで、細部の作り込みが行われていたのです。

乗っている人からは、どんなに背伸びをしたところで見えない。そもそも、そんな細かなところにまで注意を払っている人がいるとも思えない。

しかし、それでも絶対に手は抜かないのです（ちなみに今は、リンゴは接着剤で強固にくっつけられていて、この驚くべき精緻を見ることはできないのですが）。

一つひとつの物語は、こうした徹底的な「これでもか」というこだわりによって守られているのです。

ツアー団体旗をＮＧにした理由

余韻を残せる夢の国にするために、他にも東京ディズニーランドは、細かなところまで気を配っています。例えば、コーヒーを飲むときに使う砂糖の袋。

もちろん東京ディズニーランドでは、砂糖を製造することはできません。メーカーから仕入れることになるわけですが、「外の世界」では当たり前のように使われている、そうしたメーカーの名前の入った袋を、東京ディズニーランドでは使いません。袋には、オリエンタルランド、と書かれています。外界をシャットアウトして、世界に浸ってもらう。砂糖の袋にまで、気配りを忘れてはいけないのです。

さらに、お客さまにも、そのお手伝いをしていただいています。開業当時から国内外からいらっしゃる団体旅行の主催者の方に、ひとつお願いをしているのです。

それは、どこでも当たり前に使われている団体旅行の目印となるツアーの旗を使わないでほしい、ということです。「そういえば見たことがないな」と思いませんか？

旅行代理店が旗を掲げ、ぞろぞろと人々がそれについていっては、夢の国の雰囲気が壊れてしまう。東京ディズニーランドの世界観とはどうしても相容れないのです。当初は、そんな要望を受けたことはない、と旅行会社にも困惑されましたが、説得を続け、最終的には受け入れてもらいました。

もちろん、旗がなければ団体の方々は何を目印にすればいいのかわからない、という声もありました。そんな中、なるほどナイスなアイデアだな、と思ったのは、東南アジアの旅行会社の方でした。傘を差して、それを目印にしていらっしゃったのです。当初は「傘も……」と気にしていたスタッフもいましたが、結局、「実際に雨が降れば傘は使うものだから良しとしよう」ということで、そこまでの追及はしないことで落ち着きました。

「お弁当持ち込み禁止」は、なぜ実現できたのか

前例がない、ということでは、お弁当の持ち込みを禁止したということも挙げられます。当初、持ち込み禁止に対して反発の声がなかったわけではありませんでした。弁当の持ち込みを禁止する遊園地などありえない、と。

しかし、その反発の声があっても、私たちは持ち込み禁止に踏み切りました。

なぜか？

お弁当という日常を持ち込むことで、夢の世界から醒めてしまうからです。

実のところを言えば、後に詳しく書きますが、建設に関わる巨額の投資を回収するには少しでも多く園内でお金を使ってもらわなければいけない、という事情もありました。園内でお金を払って食べてもらうのと、家で作ったお弁当を持ってこられるのとでは、客単価がまるで変わってしまう。

その意味では、夢の国づくりにこだわったからこそ結果的に客単価を高めることができた、と言えるかもしれません。

実際には、お弁当を開けた瞬間に夢の世界が崩れてしまう、という言葉に最も敏感に

反応したのは、お弁当を作るお母さんたちでした。持ち込み禁止は、お母さんたちが「お弁当を作らなくていい」という大義名分を作ることにもなったからです。結果的に、家族みんなに楽しんでもらう、という存在理由にも沿うことができたのでした。

採用広告は、最寄りの路線には決して出さない

「興ざめ」させないという部分では、私たちオリエンタルランドの社員も細心の注意を払っていました。ほんの一例ですが、私が今も覚えているのは、当時の採用活動の方針です。

開業当時、東京ディズニーランドに最も近い駅は、地下鉄東西線の浦安駅でした。キャストの採用をするのであれば、当然、通勤の便がいいほうがいい。となれば、東西線に中吊りなどで募集広告を打つのが普通のやり方です。

しかし、私たちは、それをしませんでした。アメリカのディズニーランドから来ていたカウンターパートでマーケティングのプロフェッショナル、ノーム・エルダーが許さなかったのです。

「どうして東西線に広告を出そうと思うんだ」

彼に問われ、私は当然のごとく「キャストの通勤に便利ですから」と答えました。それを聞いた彼は私たちマーケティング担当に言いました。
「人事部に伝えてほしい。お客さまは東西線に乗って、東京ディズニーランドにやって来られる。そのときに、この募集広告を見たらどう思うか。夢を売っている私たちが、自らその夢を壊してどうするか」

頭を殴られたような衝撃がありました。そして、この東京ディズニーランドという場所の優先順位の明確さに深く納得したのです。

このようにして、採用広告は遠く離れた別の路線で展開されることになり、しばらくはこのスタイルが続いたのでした。

「共感してくれる人だけが来てくれればいい」

こうした夢の国づくりは、もちろん開業前から始まっていました。私が携わったのは、2年間。それ以前から、日本に夢の国を作るべく奮闘していた、たくさんの人々の努力があったのです。

それが結実したのが、まさにあの開業の日でした。

夢の国を作るんだというディズニーとオリエンタルランドのこだわりが、あの日、ひとつの形になったのです。だからこそ、携わっていたスタッフはみな、くたくたになっていたのです。

今も覚えていますが、開業直前に全国紙に展開された広告は、まさに東京ディズニーランドの存在理由を、日本の人々に見事に訴えるものでした。

ひとつは、ミッキーマウスが右手を掲げて、「何ができるんだい？　ミッキー」というキャッチコピーが置かれた開業1年前の主要新聞への全面広告。

そしてもうひとつは、東京ディズニーランドのすべてのキャラクターとキャストたちが、みんなで蒸気船マークトウェイン号に乗り込み、「アメリカからディズニーランドがやってきた」というキャッチコピーが置かれた開業直前の広告。

「本当にすごいものが日本にできたんだ」

と、私を含めて、スタッフ全員が思っていました。本当の夢の国が、とうとう日本にも生まれることになったのだ、と。

そのときの、不思議な感情を今も私は忘れることができません。私は、こう思ったのでした。

この素晴らしさをわかってもらえない人には、来て欲しくない。

ビジネスマンとしては、あってはいけない考え方でしょう。お客さまが来てくださってこそ、のビジネスなのですから。たとえ、それがどんなに優れたビジネスだったとしても、です。

しかし、それでも私はそう思わざるを得ませんでした。そのくらい、素晴らしいものが作れたという実感を持っていました。間違いなく、このビジネスが存在する理由がある。それを確立できたと感じたのです。

そこまでの思いに至れるか。これがまず、スタートラインなのです。このことを私は、後に他社に転職してから改めて強く実感することになります。

そのビジネスの存在理由を確かめ、そこに徹底的にこだわる。

東京ディズニーランドに教わった、大切なセオリーのひとつです。

第1章

□存在理由が明確にならなければ、決して人を惹きつけられない

□物語があるから、引き込まれる。印象に残る。興味を持ってもらえる

□物語は伝えやすい。企画を立てる際の武器になる

□「これでもか」というこだわりを徹底的に持つ

□コンセプトにこだわるからこそ客単価を高めることができる

第2章　なぜ、人を感動させるのか

《クオリティを徹底的にコントロールせよ》

クオリティコントロールに「ほどほど」はない

「お客さまにとって」のクオリティがすべて

ディズニーとは何か。他のエンターテインメントと何が違うのか。

それを初めに痛感したのは、先にも少し紹介した、オリエンタルランドに入社して初めての研修のときに見た、15台のプロジェクターによって構成されたスライドショーでした。親子が向き合える水飲み場の写真から始まり、ディズニーランドのフィロソフィーを次々に表現していく映像には、多くの同期が涙を浮かべていました。

映画を見たわけでもないのに、なぜ感動してしまったのか?

ディズニーのコンテンツの素晴らしさは、まず、ここにあります。「音と映像」に圧倒されるのです。高いクオリティの音と映像が「これでもか、これでもか」と繰り返されていく。だからこそ、私たち同期は、単なるスライドを見せられただけなのに、胸を震わせてしまったのです。

そしてディズニーランドでは、この音と映像にダンス、更にショーが加わります。このクオリティがまた圧倒的です。それもそのはず、ダンサーたちは大変な競争率をくぐり抜けたプロたちなのです。しかも、契約は基本的に６カ月。契約が終了したら再びオーディションを受けなければなりません。高いレベルのパフォーマンスをキープし続けなければ、次の契約はありません。

そしてそのダンスも「これでもか、これでもか」で来る。パレードがまさにそうでしょう。「すごいな」と思っていると、また次々にダンサーがやってきて、パフォーマンスを見せてくれる。「すごい」と思っていると、また続いてやってくる。文字通り、「これでもか、これでもか」なのです。

しかし、徹底したクオリティへのこだわりは、こうしたコンテンツにとどまりません。前章で解説した東京ディズニーランドのこだわり。それらが人々を感動させる大きな要素になっているわけですが、マーケティングとして何よりも強く意識しているのは、お客さまにとってのクオリティを追求することなのです。それこそが、人を感動させ、惹きつけていると私は感じています。１０００万人もの人を集めるためにはこの意識は欠かせません。

もちろん、キャラクターの存在や、アトラクション、ショーのクオリティの高さも人々を感動させる要因であることは間違いないのですが、それだけでは、あの感動は生み出せない。そこには、すさまじいまでのクオリティコントロールがあるのです。

「入場制限」が行われる理由

ご存じの方も多いと思いますが、東京ディズニーランドでは、一般的な遊園地ではちょっとありえない「入場制限」という事態がときどき起こります。お客さまが入りたいと言っているのに、お断りしてしまうのです。

今でこそパソコンやスマートフォン、携帯電話で、混雑状況が簡単に確認できる時代になりました。しかし、ネットが普及していない開業当時、混雑状況の広報はとても難しいことでした。混雑が予想される時期はインフォメーションセンターに必ず電話でご確認を、と呼びかけていたのですが、なかなか伝わらなかった。そのため、遠方から高速道路に乗って何時間もかけて来ていただいたのに、入場制限でお入りいただけない、という事態が頻発してしまいました。

しかし、それでも、入場制限はやめられなかった。

なぜか、とたびたび聞かれましたが、その理由は、極めて明快です。

入場制限をしなければ、〝夢の国〟を楽しめない可能性が出てくるから、です。私が在職していた10年間のうち、開業後の８年間は、５万３０００人のボリュームをひとつの目安にしていました。これ以上は入場させてはいけない、と。

当然のことではあるのですが、アトラクションでは、１時間あたりの処理能力に限界があります。ＴＨＲＣ（セオリカル・アワリー・ライド・キャパシティ）、レストランは、ＨＳＣ（アワリー・サービス・キャパシティ）という指標で理論値を導き出していました。これらで数字をはじき出した結果、当時の限界が5万３０００人だったのです。

先にも書いたように、巨額の建設投資をしていましたから、収支のことを考えても、入場者は喉から手が出るほどほしい。なんといっても「目標１０００万人」です。しかし、それでも入れませんでした。お客さまにとってのクオリティを落とす、満足度を落とす可能性が高かったからです。

私はマーケティングを担当する営業部門にいましたが、この厳しい入場制限を主導していたのはパークを運営統括する運営部門でした。初年度、彼らが机に向かって一心不乱に作業しているところに出くわしました。

何をしているんだ、と聞くと、驚くべき答えが返ってきました。

「混雑しているときの園内の航空写真を見て、コンパスの針でアトラクションに並んでいる人数をすべて数えているんだ」

と言うのです！

もちろん理論値はある。しかし、本当のところはどうか？　彼らは彼らで試行錯誤していたのでした。そして私たち営業側も、もちろん一人でも多くのお客さまに入っていただきたい。そこで何ができるか、もっと効率を上げる方法はないか、ディスカッションを繰り返していました。

開業前の40回に及んだ「プレビュー」

そもそもどうして高いクオリティを生み出すことができたのか。

ひとつには、アメリカのディズニーランドでの実績があった、ということもあります。

しかし、アメリカでうまくいったからといって日本でもうまくいくとは限りませんし、新しく何かを始めるとき、やってみないとわからないことはたくさんあります。

では、東京ディズニーランドは、どうしたのか。

開業の前にプレオープンを実施したのです。しかも、1度や2度ではなく、約40回も。これはプレビューと呼ばれて、開業の３カ月前、1月から始まりました。

お客さまとして招かれていたのは、関係者や従業員、さらにはその家族たち。また、スポンサーやその関係者を招待したこともありました。最初は来場者５０００人のテストから始まり、１万人テスト、２万人テスト、最終的に３万人までテストしました。

当時はまだ、キャストの採用や教育も終わっていない頃。というよりも、どのくらいの人数が適正なのかも、把握できていませんでした。サービスオペレーションは、何もかも手探りの中で行われていました。

最初のプレビューは、それはもう無残なものでした。

多くの人数を入場させたわけでもないにもかかわらず、アトラクションは大行列。

商品はあっという間に売り切れ、補充がまったくなされない。

レストランでは行列の上に、頼んだメニューが1時間経っても出てこない……。

入場してきた関係者からは大ブーイングの嵐でした。私も家族を招いていましたが、

「おい、お前、こんなことで大丈夫なのか」

と父親に心配される始末。本当に開業できるのか？　関係者の多くが真剣に心配しました。

まずはとにかく人手が足りないことがわかると、次のプレビューからは本社からも8割ほどの人間が現場に投入されました。ただ、本社の人間はトレーニングを何も受けていない。そこで、レストランでひたすらお皿を皿洗い機に入れていた時期が、私にもあります。

このように散々な出来で始まったプレビューでしたが、結果、いろいろなことがわかりました。

人が足りないところはどこか。逆に多すぎるのはどこか。運営上の問題が出るのは何か。どこにポイントがあるのか。機会損失を防ぐためには……。アメリカから来たスーパーバイザーを交えて、ディスカッションと試行錯誤が続けられました。

こうしてトライ&エラー&改善を40回以上、繰り返したのです。そして実地の経験から、クオリティをどんどん高めていったのです。

これは後に新しいアトラクションが作られるときも同じでした。何日も何日もプレビューを繰り返し、完成度をできる限り高めてから、グランドオープンさせる。

最初から高いクオリティなどありません。

徐々に高めていって、ようやく満足いくものになるのです。

場所にも、ルートにも、「意味」がある

この最初のプレビューが行われているとき、私はディズニーランドが、いかに入場者にとってのクオリティを重視しているか、驚くべき事実をたくさん知ったのでした。

例えば、アトラクションをどこに設置するか、ということにもすべて意味があるのです。また、マーチングバンド（音楽隊）が現れたり、キャラクターがミニパレードをしたりもしますが、それも無意味に行われているのではない。

場所も、ルートも、すべてにきちんと「意味」があるのです。

ひとつの例ですが、人気アトラクションに「ピーターパン空の旅」があります。いつもとても混雑しているアトラクションですが、行列ができるのは理由があります。たくさんの人を一度に乗せることができないからです。さきほどのＴＨＲＣではっきりしていますが、１時間でさばける人数が、とても少ない。だから、行列ができてしまう。

だから、そのすぐ近くにＴＨＲＣが高い、つまり一度にたくさん人を乗せることができるアトラクションが組み合わされています。来たことがある方ならおわかりかもしれませんね。そうです、「イッツ・ア・スモール・ワールド」です。

ＴＨＲＣの低いアトラクションと高いアトラクションをうまく組み合わせて園内を構成する、という工夫があるのです。ただなんとなく配置しているものはありません。

そしてもうひとつ、この「ピーターパン空の旅」に並んでいると、しょっちゅうミニ・マーチングバンドがやってくることに気づいた方も少なくないのではないでしょうか。ただ並んでいるのでは、退屈。そこで、ミニ・マーチングバンドの演奏を聴いて楽しんでもらおう、ということを考えているのです。

東京ディズニーランドの行動の基本には、「ＳＣＳＥ」というキーワードがあります。Ｓ（セーフティ／安全）、Ｃ（コーテシィ／礼儀正しさ）、Ｓ（ショー）、そして最後がＥ（エフィシエンシー／効率）。

安全、礼儀正しさ、クオリティの高いコンテンツ、の３要素はもちろん、同時に常に効率を追求しなければいけない。そうすることで、お客さまにより大きな満足を提供できるからです。

何か困ったことがあれば、このＳＣＳＥで判断しなさいと教えられていました。サービスマニュアルも、基本的にこの４つに沿って作り上げられています。４つを合わせたところで、最も効果的なサービスを作りなさい、ということです。

例えば、園内の掃除の係は「しゃがんではいけない」というルールがありますが、これは「Ｓ（安全）」と「Ｃ（礼儀正しさ）」の組み合わせなのです。

お客さまは、次に行きたいところに目を向けているから、掃除係がしゃがんでいると気づかれない危険がある。それに、しゃがんで下を向いて掃除をしていたら、聞きたいことがあっても話しかけづらい。

だから、柄の長いほうきを持って、できるだけ立ち姿勢で仕事をするよう、言われているのです。

こうした本当に細かいところまで、この「ＳＣＳＥ」の組み合わせで考えているのです。

キャストのポジションは、15分ローテーション

東京ディズニーランドといえば、キャストのサービスに高い評価をいただき、時に感動してもらうことも多いわけですが、実は、質の高いサービスを作り出す仕組みづくりを科学的に行っています。

もちろん個々のキャストの努力やトレーニングの素晴らしさもありますが、その力を

フルに発揮できる仕組みが開業当時からしっかりと作られていることは、意外に知られていないようです。

例えば、「15分ローテーション」。

「イッツ・ア・スモール・ワールド」でも「ジャングルクルーズ」でも「カリブの海賊」でも、入り口の行列に入るところから、アトラクションに乗り込むところまで、ニコニコとしたキャストが迎えてくれます。

炎天下の、あるいは強風吹きすさぶ中、どうしてキャストがあんなにニコニコしていられるのか。

それは、15分しかその役割を果たさないからです。ひとつのポジションを15分ごとに入れ替わっているのです。15分が経過すれば、ポジションがぐるりと変わっていく。アトラクションに乗り込むときに案内してくれるキャストも、「出発しまーす」と宣言しているキャストも、みんな15分でローテーションするように組み込まれているのです。

キャストは、基本的にこの15分という単位で動いています。ローテーションが6つぐるりと1時間半かけて終わると、そこで休憩が入ります。15分の休憩です。ランチは15分×2の30分の休憩。午後も同じように、1時間半おきに休憩が入ります。こうして、キャストのコンディションを整えているのです。

こうしたスケジューリングを担うのが、専門のスケジューラーです。彼らは、混雑状況などを予想しながら、キャストを15分おきに完璧にスケジューリングしていくプロ。こんな職種を作っているなんて見事な仕組みだと、とても驚きました。

背景にあるのは、人間というのは、15分くらいしか集中力が持たない、という科学的な判断です。もし同じポジションを2時間も3時間もやっていたら、あんな笑顔でいられるかどうか。

サービスレベルをキープするには、仕組みづくりが大事なのです。

また、キャストは、髪型やお化粧などを規定したディズニールックと呼ばれる身だしなみを守ることを宣誓して入社してもらっています。さらに園内でも、管理者は現場でのキャストを厳しくチェックしています。そのサービスにディズニーレベルのクオリティが認められない場合は、しかるべき対応策が打たれるのです。

ちなみに、キャストと呼んでいるのは日本だけで、アメリカでは、ホスト、ホステス、と呼ばれています。どうして日本ではこう呼ぶのをやめたのか、日本の大人のみなさんはおわかりですね。

こぼれ話を失礼しました。

そうじのクオリティも感動をうむ要素

どうして人が感動するのか。

そのひとつの要素には、東京ディズニーランドというオンステージ（舞台）そのものが挙げられます。いつ来てもきれいで、古びた感じがしません。

それは、すさまじいレベルでのクオリティコントロールのひとつ、〝そうじ〟があるからです。では、朝8時から夜10時までオープンしている中、いつそうじしているのかといえば、もちろん夜中です。

閉園後は照明を付けるわけにはいきませんから、部分照明を使いながら、毎日、夜中に懸命の清掃が行われているのです。それこそ、全園内が毎日ホースで水洗いされています。

また、細かな補修も、夜中に行われています。例えば、薄い色の建物には必ずついてしまう、雨だれ。高圧洗浄機での水洗いのほか、塗り直すこともあります。

細かい話だと、ウエスタンランドでは、昔のウエスタン調の建物や小道具の雰囲気を出すために、わざとエイジング（古びたような風合いにする加工）を施していますが、これも日々、補修されています。

さらに、アトラクションの内部も、細かくチェックされています。フィギュア（人形）に問題はないか、衣装はどうか、汚れはないか……。毎日のように点検が行われています。水を使うアトラクションは水も入れ替えます。常に清潔な水を使う。だから、水苔などが生えることもないのです。

こうした徹底した清掃も、東京ディズニーランドのクオリティを維持している重要な要素です。

見えるところは当たり前として、見えないところでも、クオリティコントロールが徹底されているのです。

変化を認め、面白がる遊び心が感動をつくる

一緒に踊り、夏は水遊び。お客さま「を」変えていく

ディズニーのクオリティの高さはもうひとつ、まったく別の軸からも語れます。それは、お客さまのニーズだけを見ているわけではない、ということです。結果的にお客さまに感動を与えられると信じられるものであれば、それにこだわり抜くのです。

開業したばかりの頃、アメリカで人気だった取り組みを東京ディズニーランドでもやってみよう、ということになりました。それは、パレードの中で、お客さまにも一緒に踊ってもらうことでした。パレードがやってきて止まったとき、見ている人たちもパレードに入ってもらって一緒に踊るのです。アメリカ人は、自らも徹底的にディズニーランドをエンジョイしようと、楽しそうに踊ります。

ところが、日本人はとてもシャイなのですね。「一緒に踊りましょう」と声を掛けても、恥ずかしがって踊ってくれなかったのです。そんなことをしたことがなかったので

しょう。

ただ、そうした中でも「この企画はやっぱりやめよう」とはなりませんでした。「一緒に踊ったら絶対に楽しいはず！」と信じていたからです。そこで、私たちはさまざまな策を練りました。

申し訳ないのですが、出演者を仕込んで率先して踊ってもらう。あるいは子どもにだけ声をかけて踊りに入ってもらう。さらには、踊ってくれた人には首飾りのようなプレゼントをする。踊ると楽しいよ、という雑誌の記事を作ってもらったりもしました。

恥ずかしがらずにエンジョイすれば、もっと楽しくなれる――そういった「信念」を貫き通した結果、次第に様子は変わっていきました。パレードのために何時間も前からシートを敷いて待つようになるなど、当初はまったく予想できないことだったのです。

また、夏場にキャラクターがお客さまに水を掛けるというアメリカでは人気の企画、「ウォータープログラム」も、「日本人は濡れるのを嫌がるのではないか」ということで、おそるおそる始めたのでした。ところが今や、この企画は大人気です。

こうして、お客さま参加型の取り組みも、次々に生まれて人気企画になりました。「やってみてほしい！」という気持ちを貫き通した結果、「当たり前のもの」になったのです。

かつては禁止だった掃除スタッフのパフォーマンス

もうひとつ、別の軸からディズニークオリティを語ることもできます。

それは、こだわりを持ちながらも柔軟性がある、ということです。矛盾があるようですが、これも、徹底してお客さまの目線に立っているからこそできることだと思っています。

例えば、掃除スタッフによるパフォーマンス。わざとミッキーマウスの形にゴミを落として、ぱぱっと拾う。ほうきを濡らして、ミッキーマウスの絵を描いてしまう。足の動きに合わせて音を出してパフォーマンスする……。

今は大人気のこのパフォーマンス、実は、最初は禁止されていたのです。掃除スタッフの本来の仕事は掃除。掃除のクオリティさえしっかり高めておいてくれればいい、と。

ところが、誰かが始めたパフォーマンスがお客さまに支持されている、ということが耳に入ると対応が変わりました。お客さまが喜ぶならぜひエンターテインメントとしてやってほしい、とＯＫが出るようになったのです。

また、これも大人気になっていますが、ミッキーマウスの形をしたアイスクリームがあります。これも、開業当時は禁止されていました。ミッキーマウスは、ディズニーにとって最も大切なキャラクター。それを食べてしまうとは何事だ、というわけです。ところがあるとき、ミッキーマウスの形をしたバターがアメリカのウォルト・ディズニー・ワールドで登場。かわいい、食べたい、と評判になりました。バターはそのままの形で口に入れるわけではないから、ということだったようですが、食べるものは食べるもの。だったら……、ということで、他の商品につながっていったのでした。

結果は大成功。お客さまを喜ばせることができるとなれば、かつては禁止されていたものもあっさりＯＫに。そういうフレキシブルさもあるのです。

一流のクリエイターを使っても、名前を公表しない

なぜ人を感動させられるのか、という問いに一言で答えてしまえば、「徹底的にクオリティにこだわっているから」です。また、圧倒的なクオリティを維持できるよう、常にコントロールしているのです。

それは、建物、造園、アトラクション、ショー、キャラクター、キャストなど、東京ディズニーランドに関わる、あらゆるものに及んでいます。お客さまには見えないとこ

ろにまで頭をめぐらせ、細かなところにも目を配る。
そして、どこにも一切、手を抜かないだけでなく、「これでもか、これでもか」を貫こうとする。決して〝普通〟では終わらせないのです。そこからさらに踏み込んで、「これでもか」を実現できる仕組みや体制を作る。こうした結果、人々は驚き、感動するのです。

また、何かの権威を借りたり、そこにおんぶにダッコになることも決してしません。ショーの音楽ひとつとっても、あの音楽を作り上げている人たちの中には、著名な方々もたくさんいます。また、アトラクションで使われている声の中には、意外な有名人の声もあったりします。しかし、そういうことは公表しないのが「らしいなあ」と私は思います。

しかし、一流の人たちをただ使うわけではありません。
ある作曲家の方は、オリジナルで3分間の曲を作るために、わざわざカリフォルニアのディズニーランドに打ち合わせに行ったそうです。しかも、1週間もの間、打ち合わせは続いたそうです。一流の人を使って安心、ではなく徹底して満足いくものを作り上げるのです。

ただ、その一方で、遊び心もちゃんと持っているのがディズニー。

東京ディズニーランドの開業準備中、私は社内のあちこちに顔を出していました。そしてたまたま、そのアトラクションの制作者の一人と親しくなったのでした。いろいろなバージョンを作る中で遊び心が生まれたのでしょう、面白そうに制作現場を見ていた私に、いきなり声がかかったのです。「渡邊君、これをやってみるか」、と。

もちろん、「やる！」のふたつ返事でした。

実はとあるアトラクションでは、今でも私の声が使われている箇所があるのです。ただし、どこなのか、は申し上げられませんが……。

一流の声優の声ばかりでなく、私のような素人の声も面白がって使う。よりお客さまを感動させられるものになるのであれば。

これもまた、ディズニーのクオリティ、なのかもしれません。

第2章

□トライ&エラー&改善で、徐々にクオリティを上げていく

□おこなうことの理由がすべて言える

□S(安全)、C(礼儀正しさ)、S(ショー)、E(効率)を組み合わせ、最適な選択をする

□スタッフのサービスレベルをキープするため、仕組みづくりは科学的に行う

□一時的なニーズだけを見ず、心から良いと思うことは継続する

第3章——なぜ、初年度に993万人も集客できたのか

《ロジックとアイデアを掛けあわせろ》

緻密でもあり、大胆でもあるマーケティング

知名度2割から、993万人になるまで

東京ディズニーランドの初年度の入場者数は993万3000人。目標としていた1000万人には届きませんでしたが、この数字が発表されたときには驚きの声をたくさんいただきました。

まったくゼロからスタートして、どうして1000万人近い集客ができたのか。

これほどの入場者を集めた施設は、それまで日本にはなかったのではないかと思います。

では、東京ディズニーランドは何をしたのか。

このお話をする前に、まず、知っておいていただきたいことがあります。

東京ディズニーリゾートは、今や2500万人を超える入場者数を誇ります。ディズニーランドという存在について知らない日本人というのは、ごく少ないと思います。

ところが、私が入社した開業2年前当時、実はディズニーランドの存在を知っている

人は、リサーチの結果、わずか2割ほどでした。

アメリカで大成功しているディズニーだからこんなにうまくいったのだ、という声が聞こえてくることがありました。もちろんその要素もゼロではありませんが、日本とアメリカでは文化も人種も違います。そこを意識しながら、入場料の設定からプロモーションまで、ここでも「これでもか、これでもか」が貫かれていたのでした。

それでは、ディズニーランドはどのようなマーケティングを積み重ね、日本に浸透していったのでしょうか。

「集客数目標1000万人」になった理由

そもそも、どうして入場者数の目標が1000万人になったのか。「キリが良いから」というあてずっぽうではなく、きちんとした理由があります。

東京ディズニーランドの総事業費は、およそ1800億円。

この巨額の資金を調達するために、大手銀行による協調融資が行われました。お金を借りるとなれば当然、お金を返す算段をしないといけません。

そこで出てきた計算式が、25年×1000万人の入場者数、という数字だったのです。

アメリカの入場者数などももちろん参考になったとは思いますが、基本的には調達した資金を返済するための試算の中で出てきたのが1000万人だったわけです。

開業準備を進めていたオリエンタルランドに入社して、マーケティング担当を命じられた私が真っ先に言われたのが、この1000万人という数字でした。1000万人を集めることがマーケティング担当者の命題だったのです。

東京の人口に匹敵する1000万人などという途方もない数字を、いったいどうするのか。

呆然とする私に、マーケティングのプロフェッショナル、ノーム・エルダーはこう言ったのでした。

「きちんと魅力のあるものを作って、ディズニーらしさを出して、決められたフォーミュラ（公式）に従って情報を発信していけばいい。大事なことは、決して流行に左右されたりしないこと。そして、継続させるということだ」

入場者数を365日分、1日ずつシミュレーションする

私の仕事は、まず1000万人がどのようにして達成されるのかを、シミュレーショ

ンすることでした。年間のカレンダーを前に、この日は休日だから5万人、この日は平日だから、せいぜい3万人、雨が多い季節の平日は2万人……、といった具合です。

今は年中無休の東京ディズニーランドも、オープン当初は休園日がありました。もちろん、東京ディズニーランドとしては休みたくはなかったのです。何しろ、集客目標は1000万人です。

ところが、思わぬ壁が立ちはだかりました。法律です。

ショッピングアーケードであるワールドバザールが、当時の大規模小売店舗法（大店法）に引っかかってしまったのです。地域の中小小売業は、大規模なスーパーなどが進出してしまうと大きなダメージを受けます。そこで、中小小売業を守るために、出店や営業時間などを規制していたのが、当時の大店法でした。

東京ディズニーランドでは地域の中小小売り店とバッティングするような商品はまったく扱っていなかったのですが、床面積が法律に該当するということだけで規制の対象になったのでした。結果として、営業時間に規制を受け、年間トータルでも休まなければいけない日を作らざるを得なくなったのです。

そこで、何曜日を休みにするか。私たちはまず、それを決めるところから始めました。

「普通に考えたら月曜日が一番、人が来ないいんじゃないか」と、当初は月曜休みという

案が有力でした。しかし、

「月曜日は振替休日が多いからもったいない」

と、私は猛反対しました。まだまだ新入社員の私の意見でしたが、なるほど、と聞き入れてもらい、最終的に火曜日が休みになりました（実は、知り合いの床屋に「月曜定休になりそうだ」という話をしたら、「じゃあ、俺は行くことができないな」と残念そうに言われてしまったから、という裏話もあるのですが）。

その上で、この土曜日なら5万人だろう、この月曜日はせいぜい3万人だな、といった具合に、年間すべての入場者数を予測していきました。季節や日本の慣習を考え、さまざまな要素を盛り込みながら、やっとの思いで完成させたと思ったら980万人にしかならない。当時はエクセルどころか、パソコンもない時代。すべて細かく手で直していくのは大変な作業でした。何度適当に鉛筆を転がしたくなったことか……。

こうした作業を繰り返していくうちに、このあたりでどうしてもイベントやプロモーションを頑張らないといけない、という時期を明確にしていったのでした。

ちなみに大店法はその後、撤廃。以来、東京ディズニーランドは休園日を設けなくてもよくなったのでした。

入園料金の設定では「ライバル」と「時間」に着目

同時に進めたのが、料金の設定でした。

まずは、入園料金をいくらにするのか、というディスカッションから始まりました。

１８００億円の協調融資の返済試算から導きだされたのが１０００万人だったと書きましたが、このときの客単価は１万円を想定していました。

なんといっても巨額の投資で生まれているのがディズニーランドです。短期でペイするか、という点でいえばとても無理です。25年という長期にわたる計画のもとで出てきたのが、１万円という数字でした。

試算では、１万円はあくまで客単価。入園料だけではありません。そこで、入園料とお土産と園内での飲食の３つで１万円という構想を作りました。逆にいえば、そんなふうにお金を使ってもらえるように取り組みをしなければいけない、ということでもあります。

では、この中で入園料をいくらにするか。

３０００円から５０００円以内が妥当ではないか、というのが、私たちの当時の感覚でした。しかし、これはあくまで感覚値。どうロジック（論理）を作っていくか？　それがなければ、経営陣、さらにはノウハウを提供するアメリカ側を納得させることはできません。更に、ロジックのみならずマーケット（市場）の相場にも注意せよ、というオーダーがきていました。

そうした中、私たちのチームが目をつけたのが「時間」でした。そこでアメリカのディズニーランドの平均滞在時間を調べてもらったところ、およそ5～7時間。そこで、5～7時間滞在するレジャーとして、日本にはどんなものがあるのかを徹底して探ったのです。

そして見つけたのが、当時ブームになっていたスキーでした。しかも、ファミリーやカップル、友人たちとみんなで行く、という点でも競合します。

では、スキーの費用はいくらくらいなのか。一番人気だった苗場スキー場のリフト代を調べました。一日券が３６００円。つまり、一人あたりこのくらいの金額なら、５～７時間のレジャーとしては、人々は妥当だと考えている、ということです。

実はこの３６００円こそ、開業当時の乗り物券10枚綴りチケット「ビッグテン」、３７００円の参考価格なのでした。

必ず求められる、〝そのロジックは？〟

「投下資金の回収にはどのみち時間がかかる、入園料の設定など適当でいいではないか」という考えもあるかもしれません。実際、「ロジックなどいらない」「映画料金の2倍とか3倍とかで設定しておけばいいじゃないか」、という声が出ていたことも事実でした。

しかし、マーケティングチームはそうはしませんでした。ノーム・エルダーから強くロジックを求められていたからです。意味のないアクションを取ってはならない。すべては、意味あるものにしろ、と。

アメリカ側がここまで入園料の設定にロジックを求めたのには、理由があります。それは、アメリカが提供するディズニーランドの運営ノウハウに対するロイヤリティ（権利の使用料）が、価格設定によって大きな影響を受けるからです。

では、その「権利の使用料」としてのロイヤリティはいくらなのか。ものによって違いますが、結構な数字だったと記憶しています。これは、売り上げに対して、です。

ロイヤリティの細かい数字をお伝えしたら、みなさんは「高い」と感じるかもしれません。しかし、私はそうは思いません。これだけのロイヤリティを払っても見合うだけのノウハウが、アメリカにはあったからです。

自国で培ったソフトのノウハウを輸出し、運営はすべて任せて、ロイヤリティの形で報酬を得る。アメリカの優れたビジネスモデルの典型を見せてもらった、と私は思っています。

しかも驚くべきは、そのロイヤリティのかけ方が中途半端なものではない、ということです。

販売促進のために、無料の入園券や無料の「ビッグテン」を配布することになったときのこと。年間5万枚から10万枚ほどが観光業者やメディア向けなどに使われたのですが、無料枠は多少設けてくれたものの、ここにも厳格にロイヤリティをかけてきたのです。無料入園券でも、入園券は入園券、というわけです。東京ディズニーランド側の完全な自腹になったとしても、です。

アメリカのビジネスの厳しさを垣間見た気がしました。

おかげで、無料券の発行は役員の承認が必要になる、という管理が行われるようになったのでした。

日本人ならではの感覚を活かした「お土産」

しかし、３７００円の「ビッグテン」だけでは、当初の客単価1万円には達しません。アメリカ側は、飲食とお土産でどのように残りの６３００円を達成するつもりか説明せよ、とここでもロジックを求めてきました。

しかし、ここには日本側の自信があったのでした。

「蓋を開けるまでは信じられないかもしれないけれど、ここは私たちを信じてほしい。お土産代は間違いなく計画通り達成できる。なぜなら日本人は、どこに行っても必ずお土産を買うから」

しぶしぶ受け入れてくれたアメリカ側でしたが、日本側の自信にようやく合点がいったのは、先に書いた「プレビュー」のときでした。目の前で飛ぶように売れていくお土産を見て、アメリカ人は心底、驚いていました。そして日本側の計画に、一気に信頼感が高まったのでした。

ただ、当初のお土産は、今のようなバラエティに富んだものでは、残念ながらありませんでした。「もっと日本人向けのお土産を開発すれば良いのに」と当時の商品部の同僚に言ったこともありますが、「作りたいのはやまやまなんだけど、そう簡単にはいかないんだ」と嘆いていました。

というのも、アメリカのノウハウを学ぶことが基本でしたから、いくら日本側が「絶対大丈夫だから、こんなものも売らせてくれないか」と言っても信用してもらえなかったのです。結局、アメリカの文化を大事にしたものをお土産にすることになり、お菓子もアメリカ仕様のクッキー、アメリカ仕様のチョコレートなどが主体。「これでは……」という気持ちが、日本側には強くありました。

後に信頼関係ができあがってから導入され大ヒットしたおせんべいは、すでにこのときに企画として上がっていました。ところが、アメリカ側からのOKが出なかったのです。「絶対いけるのに」と、とても残念に思ったことを覚えています。

アメリカ側が信頼してくれるようになってからは、新しいお土産のアイデアは日本のメーカーからも出してもらっていました。何かいい企画はないですか、と呼びかけて、サンプルを作ってもらう。こうして、お菓子やグッズのヒット商品が次々に生まれていったのでした。もっともこれは後に書きますが、ディズニー側の厳しいチェックを受けてから、ではありましたが。

そういえば、思わず笑ってしまった日本ならではのアイデアもありました。今だから明かしてしまってもいいと思います。

例えば、漬け物。これが単なる漬け物ではない。象のダンボの耳の形に漬けた「ダンボ漬」はどうか、などというわけです。ダンボの耳を漬け物にしてしまう。アイデアは斬新でしたが、さすがに却下。

また、これも日本ならではですが、梅干しの業者さんから、ミッキーマウスの形をした梅干し、というアイデアもありました。ミッキーの形がしわしわになっているのがなんとも風情がありましたが、さすがにこれも、受け入れることはできませんでした。

ちなみに、アメリカ人もお土産はたくさん買いますが、キャラクターグッズが中心で、お菓子はあまり売れません。このあたりも、自国と日本の大きな違いにアメリカ人は驚いたのでした。

前例と慣例に負けないアイデア

宮城、新潟、岐阜までは「日帰りエリア」

マーケティング担当としてはもうひとつ、集客のための基本的な考え方を整理し、旅行業者にアプローチしていく、という役割がありました。

まずは、商圏（お客さまがいらっしゃる地理的な範囲）の設定です。カウンターパートのノーム・エルダーから言われたのは、

1. プライマリーマーケット（第一次商圏）
2. セカンダリーマーケット（第二次商圏）
3. サードマーケット（第三次商圏）

の3つに分けよ、ということでした。プライマリーマーケットは、日帰り圏。東京デ

プライマリーマーケット
セカンダリーマーケット

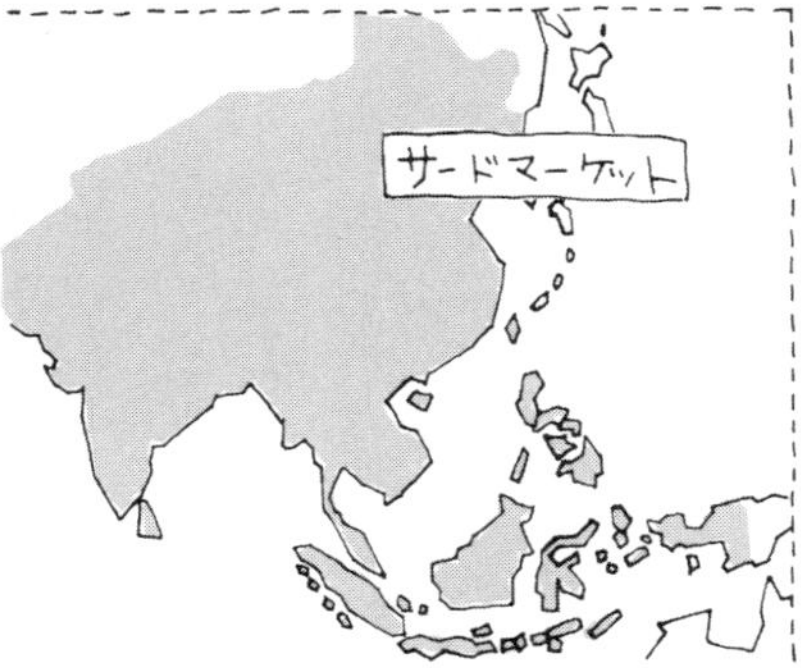
サードマーケット

ィズニーランドの日帰り圏というと、首都圏近郊を思い浮かべてしまうのではないかと思います。しかし、ノーム・エルダーは違いました。

「宮城まで、新潟まで、岐阜までをプライマリーマーケットとして考えよう」

と言うのです。「東北・北陸・東海地方から日帰りでやってくる人は少ないと思う、ここは宿泊客がメインとなるのではないか?」と私は伝えましたが、彼は、バスツアーが使えるこの地方はプライマリーマーケットだ、と譲りませんでした。そして、

「この商圏はリピート率が60%以上になる、だから特に大事にしなければいけない」

と教えてくれました。

そしてそれは、後々数字でも明らかになったのですが、その通りだったのです。

また、セカンダリーマーケットは、宿泊を必要とする商圏。そしてサードマーケットには、驚くべきことに東南アジアの国々が入っていました。アジアの国々の富裕な人たちを、東京のディズニーランドに呼び込む。それを開業の１９８３年時点ですでに考えていたのです。まさにグローバル規模で発想する、ビジネススケールの大きさを感じました。

しかし、開業当初はまだオフィシャルホテルが開業していなかったので、なんといっ

ても重視したのはプライマリーマーケットでした。１０００万人を達成するには、ここからいかにして集客するか、ということが絶対条件になったのです。

となれば、必要なのが、バスツアー会社との連携でした。当時すでに東北・北陸・東海地方のバス会社には日帰りの東京ツアー商品がありました。ここに東京ディズニーランドツアーを加えてもらうべく、動き出す必要があったのです。

旅行業界の慣習を一切無視した仕組みづくり

私は、東京ディズニーランドのツアーを組んでもらうべく、旅行会社も担当することになりました。とはいえ、入社２年目のまさしくぺーぺーです。旅行業界の商慣習や常識もほとんど知らない。

そんな私に、上司は旅行会社の担当を命じたのでした。そして結果的に、旅行業界にはまったくの素人ばかりの社内チームで、商慣習を一切無視したプランを作り上げることになったのでした（実は日本でツアー商品を作ってもらうときには、守らなければならない業界のさまざまな暗黙の了解があったということを知ったのは、プランを作った後だったのです）。

まず、旅行会社が東京ディズニーランドへのツアーを組んで売ってくれることに対してのコミッション（手数料）を払うことについては理解できたのですが、あれやこれやとよくわからない約束ごとがたくさん付けられていました。また、大きな旅行会社が小さな旅行会社にツアー商品を卸していくような仕組みがあることも知りました。

そこで、「だったら、シンプルなコミッションにして、最初から小さな会社に取り扱ってもらったほうがいいではないか」と、プランを作り始めたのです。

妥当なコミッションはどのくらいか。業界の慣習に関係なく信頼できる会社に自由に取り扱ってもらう方法はないか。予約人数を把握するために、航空業界が使っている予約システムを使わせてもらうことはできないか――。

こうして作り上げてしまった独自のプランは、業界をかなり驚かせてしまったようです。

たとえば、旅行会社が得られるコミッションが業界水準よりはるかに低い。当時ではあり得ないパーセンテージだったそうです。また、通常、ツアーのガイドや関係者は無料で施設に入場できるのですが、それもNGにした、ということも挙げられます。

誰だ、こんなものを作ったのは、という声もあったと聞きました。新入社員だったと聞いて、挙げた拳を下ろさざるを得なかったようでしたが……。

しかし、結果的には、既存の慣習にとらわれることなくゼロから作り上げたツアー商品の仕組みを、大・小関係なく多くの旅行業者が積極的に取り扱い、さらには売ってくださいました。私は旅行業界では素人でしたが、それが功を奏してお互いメリットのある仕組みになっていたのではないか、と思います（既得権益をお持ちの会社からはずいぶん怒られましたが）。

さらに、旅行会社を回る中で必ず叱られる試みもありました。

例えば、第１章にも書いたお弁当の持ち込み禁止。バスツアーでは、お弁当も旅行会社の利益を稼ぎ出す重要な商品なのです。そこで私は一計を案じました。抜け穴のようですが、お互いの利益を担保できるよう、パークの外でのツアー内容については関知せず、としたのです。そうすることで、入園直前のバスの中でツアー客にお弁当を提供するツアーもあったようです。

また、バスのドライバーやバスガイドさんは、普通のツアー中はすべて食事が提供されます。ところが、東京ディズニーランドでは無料で園内に入れることさえしなかった。そこで、バスの駐車場の近くに、ドライバーやバスガイドさん専用の食堂を作ったのです。これがどこにあるのかは明かせませんが、なかなかおいしい軽食を出してくれます。

私は、とにかく自分が働いている東京ディズニーランドという場所が大好きでした。空間も、キャラクターも、フィロソフィーも。だから安売りしたくなかったし、価値を下げるようなことはもっとしたくなかった。

なんだか叱られてばかりのようですが（そしてその通りなのですが）、「そういうものだ」と思ってもらえるまで続けることが大切ではないかと思います。

ミッキーマウスとダンサーの「地方まわり戦略」

東京ディズニーランドに来てもらうための仕組みを準備していく一方で、お客さまに直接、ディズニーランドとは何か、を理解してもらうための取り組みも進めていました。これは、まさにディズニーらしいマーケティングだったといえるかもしれません。直接、ディズニーランドのクオリティを体験してもらう。ここに最もこだわった取り組みだったからです。

そこで画策したのが、入社時に担当した「ＪＡＬナイト」。東京ディズニーランドのオフィシャルスポンサーである日本航空（ＪＡＬ）と組んで行った全国キャンペーンで、当時、ＪＡＬはこの企画で、航空機が発着する都市で販売促進活動を展開していました。

もともとハワイ、スペインなどの海外ツアーを知ってもらうために年に1回行われているキャンペーンだったのですが、たまたまカリフォルニアの年があり、せっかくだし「ディズニーランドがやってくる」という企画でいきましょう、とスタートしたのでした。

ＪＡＬにすれば、アメリカのディズニーランドも東京ディズニーランドもツアーとして扱えて一石二鳥。そして東京ディズニーランドは、開業前にお客さまにアプローチができる、というメリットがありました。

そしてこのとき行われたのが、ミッキーマウスと、アメリカのディズニーランドから呼んできたダンサーを中心としたチームによるショーでした。日本国内それぞれの地方都市で展開したのですが、どこも大変なにぎわいでした。

先に、ディズニーランドができることを知っている人は2割に満たなかった、と書きましたが、ミッキーマウスを目の前で見たことがある人は、もっと少なかったはずです。ミッキーのキャラクターは知っていても、じかに見たことはない。そういう人がほとんどの中で、テレビやキャラクターとしては知られていたミッキーマウスがやってくる、というのは、相当なインパクトになるようでした。

そしてそこで繰り広げられるのが、プロのダンサーによる本格的なショー。わずか30

分ほどのショーですが、ディズニーのクオリティを認識してもらうには、十分でした。
私もほとんどの都市に同行しましたが、見ている人が圧倒されているのがよくわかりました。

ショーは、一般のお客さま以外にも、その都市の旅行会社の方々にも見てもらいました。「本物」を見てもらうことで、東京ディズニーランドツアーにいかに潜在的な可能性があるか、ぜひとも理解してほしかったからです。

イベントが終わると、私はその地方ごとにたくさんの旅行会社を回りました。パンフレットを置いてきたり、ポスターを貼ってきたり、ビデオ放映をお勧めしてきたり。これは、強力な営業機会にもなりました。

もちろん全国ツアーとなれば、それなりの費用がかかります。ただ、そうであったとしても、しっかり「本物」を体験してもらいたい、というのがディズニーランドの考え方なのです。

なぜなら、ビデオやテレビ映像では絶対に伝えることができないものが、ライブで伝えられるから。音と映像、そしてショーという、ディズニーランドのクオリティの根幹を見てもらうことができるからです。

本物、といえば、忘れられない光景があります。

ダンサーのチームを束ねていたのは、ディズニーランドのショーの演出を手がけているラリー・ビルマンでした。取材時にインタビューに対応するのも彼でした。東京ディズニーランドでも、東京ディズニーシーでも、オープン時のイベントの演出を手がけたのが彼。「ディズニーの映画も舞台もすべて見て、それを頭に入れながら演出を考えるんだ」と彼は言っていました。ハリウッドやニューヨークのブロードウェイのクオリティを目指しているのだ、と。

そんなすごいプロフェッショナルが、日本の各都市を回っていたのです。どの都市でも、クオリティへのこだわりは、半端なものではありませんでした。その中で、最も記憶に残っているショー。あれは、広島に行ったときのことです。

20人ほどのダンサーを全員集めて、彼は言いました。

「ここは、アメリカが原子爆弾を落とした特別な地だ」

彼は昼間、ディズニーのダンサーを引き連れて原爆ドームで献花もしていました。彼は続けました。

「そんな広島の人たちを、私たちのクオリティで満足させなければいけない。私たちの誇りとして」

本当に真剣な表情でした。

このときのショーは、本当に素晴らしかった。もちろんいつもすごいのですが、このときは一番すごかった。ショーを見慣れていた私ですら、感動してしまいました。作り手が心から真剣だと、間違いなく人の心を動かすのです。

会場から割れんばかりの大きな拍手が巻き起こると、ようやくビルマンにも、笑顔が浮かびました。本当にうれしそうでした。

「平日に集客を!」のアイデアは、思わぬところに

こうした約2年にも及ぶ事前の準備もあって、東京ディズニーランド開業後は、順調に入場者数が伸びていきました。もちろん、後にお話しする開業後のマスコミ向けのPR、会員組織化によるリピーター促進などさまざまな取り組みもありましたが、開業前の準備なしにここまでの数字は作れなかったと思います。

しかし、どうやら今年度中に1000万人は難しそうだ、ということが、開業した年の年末に明らかになってきていました。しかし、そこですぐに諦めるわけにはいかない。急遽、年度内にできる新たな集客戦略を考えなければならなくなりました。

「なんとかして、短期間で大規模集客をせよ」というミッションです。

しかし、土曜日曜はそれなりに人が入るので、むやみやたらに集客すると「入場制限」に引っかかってしまう可能性が出てしまいます。ポイントは平日の集客でした。

年が明けたころ、私はひとつのキーワードに目を留めました。「市民デー」です。市民デーによって、平日に仕事や学校が休みになる市があります。そこで、市民デーならいつもより安く東京ディズニーランドに入れますよ、という取り組みをしてみたらどうか、と考えたのです。そして思い切って、入園料を２５００円に設定してプランを練り、アメリカ側に提案しました。

入園料金の割引にアメリカ側は難色を示しましたが、実はアメリカのディズニーランドにはミリタリーデーというものがあって、軍の人たちが安いチケットで入れるということを私は調べていました。だから、こう言ったのです。「アメリカだってやっているじゃないか」と。

折しも、横須賀市民デーが2月15日にあることを耳にしました。横須賀市で平日が休みになるのです。横須賀には、アメリカ海軍の基地もあるしアメリカ人には話は早いだろう、と思い、安いチケットを出すからバスをチャーターしませんか、と旅行会社に提案しようと考えました。また、横須賀市役所にも協力をしてもらえるのではないかと思いました。市民に楽しんでもらえるし、市にとってはウリになるはずです。

ところが、こんな私の思惑とは異なり、市はまったく協力してくれませんでした。東京ディズニーランドの開業初年度で今ほどのネームバリューもなかったので、一企業の手伝いをどうして市役所がしなければいけないのか、と考えたのでしょう。

しかし、時間は差し迫っています。あと少しで初年度が終わってしまう。1000万人にどうしても近づきたい。そこで私は、思い切った策を打つことにしました。

旅行会社に対して、横須賀市民デーチケットの扱いに限って、旅行会社が得られるコミッション（手数料）を大きくすることにしたのです。これには旅行会社からかなりの反応がありました。相当な枚数のチケットを売ってもらうことができ、チャーターバスが続々と手配されたのです。

後に拡大する「市民デー」「都民デー」「キャンパスデー」は、このときの企画がきっかけになっています。アイデアのきっかけは、思わぬところ、すでにあるものの中にも潜んでいる、ということに気づくことができたのが、このときでした。

しかし、そうした試みはうまくいったものの、残念ながら初年度の1000万人達成はなりませんでした。

９９３万人。

たった７万人、と言うべきか、７万人も、と言うべきかわかりませんが、目標には到達しなかったのです。

実際の一年間、４月15日〜４月14日では、１０３６万人の入場者数だったので理論的には目標達成です。しかし、年度として考えると達成には至りませんでした。

ただ、もちろんそれは残念なことではあったのですが、社内には悲壮感などまったく漂っていませんでした。みんな「来年こそはやってやろう！」と燃えていました。ゼロから９９３万人集めたことで、確かな手応えを掴んでいたからです。

そして、リピーターが続々と増えてきている、という声が入ってきていたからです。

もし、業界や世の中の前例や慣例に縛られていたら、前例のある数字しか出せずにいたでしょう。大切なのは、目的や理念に沿うために何をどのように実行していくかということだ、と学んだのでした。そこに「前例がないこと」があるのは、当然なのです。

第3章

- □ブランドにとって大事なことは、流行に左右されず、継続させること
- □プライシングは、ロジック×マーケットの相場
- □人を集める方法を考えるときは、商圏をひとつずつ分ける
- □意味のない安売りや価値を下げることは決して行わない
- □アイデアは、日常の思わぬところに潜んでいる
- □新しいことをやるなら前例がないのは当然

第4章 なぜ、これほどリピーターが多いのか

《人の気持ちをくすぐれ》

リピーター獲得、8つのキーワード

「年間入場者が、1000万人を突破した」

開業2年目に訪れたその瞬間を、私は忘れることができません。

私たちはまだ東京ディズニーランドがまったく形づくられていない段階から、「年間1000万人を集める」というミッションのもと、それこそゼロの状態から様々な試みをしてきました。そのほとんどが、日本には前例のないことばかりでした。他業界の方に叱られることも日常茶飯事でした。そんな中で、自分たちのやっていることを信じて、とにかくがむしゃらにアイデアを出しまくっていました。

それが、まさに実を結んだ瞬間だったのです。

実は、開業1年目に惜しくも達成できなかったその数字も、2年目の2月ごろには突破するのではないか、と言われるようになっていました。「いけるんじゃないか」なんて軽口を叩いていた私でしたが、実際、まったく実感のないままでした。

そして、１９８４年４月２日。

「ついに今日、１０００万人を突破したぞ！」という報せを受けました。その瞬間、マーケティングを統括する営業本部、ウォルト・ディズニー・プロダクションズのカウンターパートをはじめとした社内の上司、同僚たちは歓喜に沸き、わっと盛り上がりました。１年目で確かな手応えを感じていたとはいえ、２年目の途中で突破の見込みがあったとはいえ、「達成」という瞬間は思っていたよりも、はるかにぐっとくるものだったのです。

その中で私は、なんとも言えない不思議な気持ちになっていました。

「本当に０から１０００万人、集めたんだ……」

かつて呆然と立ちすくんだ、東京湾に浮かぶ更地。ところどころ盛り土があるだけで、本当に何もなかった埋立地――そこからスタートして、「夢の国」は１９８３年に完成しました。それまでにも、それからも、お客さまを惹きつけるため、あらゆる策を打ってきたのです。手探りで走り続けたマーケターとしての数年が、走馬灯のように頭に浮かびました。

苦労というには楽しすぎた時間でしたが、目標だった1000万人のお客さまが、日本から、世界から集まってくれたという事実は私の胸を強く打ちました。

また、入社してからの4年間、マーケティング担当者として「ここならできる」という強い自信と「大丈夫かな」というわずかな不安が入り混じっていた私の肩の荷が、ふっと下りた瞬間でもありました。

どうして東京ディズニーランドは、これ以降毎年のように1000万人という数字を達成でき、後に1700万人という数字を作ることができたのか。そして、現在の東京ディズニーリゾートには2500万人というお客さまを呼べているのか?

これらはすべて、お客さまがリピーターになってくださってこそ、です。

お客さまに「一度来たからもういいや」と思われてしまっていたなら、この数字は絶対に達成できなかった。それは間違いありません。

本国から強調されたのは2度、3度とリピーターとして訪れるということは、どういうことか考えよ、ということでした。それに対する私なりの答えは、リピートすることに目が肥えてくるだけに、常にその上を提供しなければいけない、ということだったのです。

どのようにしてリピーターをがっちりと掴んでいったのか。

それを8つのキーワードに沿ってお話ししたいと思います。

「サムシング・ハプン」――いつも何かが変わっているという鉄則

まずひとつ、当時のアメリカ人のカウンターパートに言われたマーケティングのキーワードを、今も覚えています。それが、「サムシング・ハプン」。

ディズニーランドでは、常に何か新しいことが起きている、ということです。前に来たときと違う。何かが変わっている。それを常に意識せよ、と。

実際、東京ディズニーランドは、年がら年中、何かが変わっています。

エントランスを抜けるとミッキーマウスの顔をかたどった花壇がありますが、これも年中入れ替えられている。イベントがあれば変わり、季節の花が変われば変わり、何もなくても変わる。しかも、それをわざわざ告知したりはしません。変わることはディズニーランドでは当たり前のことだから、というわけです。いつも同じ商品、ディスプレイのお店に行っても心躍らないでしょう。それと同じなのです。

また、これだけ大規模にアトラクションを展開しながら、今もなおアトラクションが増え続けています。これほど来場者がいるのに、まだ大きくなっている。進化している。これが、ディズニーランドなのです。エレクトリカルパレードが始まったのは、開業3年後でした。「ビックサンダー・マウンテン」がオープンしたのが、5年目。「スター・ツアーズ」は7年目。クリッターカントリーは10年目。トゥーンタウンがオープンしたのは14年目でした。

ウォルト・ディズニーが有名な言葉を残しています。「ディズニーランド・ウィル・ネバー・ビー・コンプリーテッド」。つまり、「ディズニーランドは、永遠に未完成」なのです。未完成だから、変わり続ける。そして「サムシング・ハプン」が待ち構えている。だから、また訪れたい、とリピーターがやってくるのです。

「心をくすぐる」――VIPになれる場所をつくる

2つめのキーワードは「心をくすぐる」です。

ディズニーランドは、「すべてのお客さまがVIP」という言い方をしています。これは、言葉を変えれば、すべてのお客さまが心をくすぐられる場所だ、ということです。だからこそ、セコイ考えで運営してはいけない。

当初、「ビッグテン」と呼ばれる、アトラクションのチケットが10枚綴られた券があったと書きましたが、もし1日で10枚のアトラクションチケットを使い切れなかったとしても次回使える、というルールでした。

当時、チケットには日付が入っていてその日にしか使えない、というレジャー施設も少なくありませんでしたが、ディズニーランドはそんなことはしませんでした。なぜなら、お客さまはＶＩＰだから。「またいつでも来てください」というメッセージだったのです。

また、〝夢の国〟の中で、いつもと違う自分になれる。これも、ディズニーランドの特徴です。だから、いつもと違う自分を演出できるグッズをたくさん用意しています。ただのグッズではなく、心くすぐられるグッズが用意されているのです。小さい頃にはお姫様になったり、大人になったらキャラクターの耳をつけたり。しかも、行く度にグッズも変わっている。そうすると、今度はまた違う自分になれる。

ポップコーンのバケット（バケツ）はクオリティも高く人気商品ですが、新しいシリーズを楽しみに来るリピーターや、限定品だった人気のバケットを持ってきて誇らしげにしているコレクターも少なくないようです。あんなバケットもあったのか、あの人はあのバケットを手に入れたのか、と注目されるからです。ここにくれば、その価値をわかってくれる人がたくさんいる。だから、持ってくる価値があるのです。

「アニバーサリー」——記念日ではモノを活用する

3つめのキーワードは、「アニバーサリー」。これには、必ず「モノ」がセットでついてきます。

そもそもアメリカ人はアニバーサリー＝記念日が大好きです。更に、お祝いするだけではなく、モノを残すのです。記念のモノをプレゼントしたり、作ったりする。ディズニーランドは、うまくこの慣習を取り入れています。

誕生日に東京ディズニーランドに来ると、うれしいことがあるのを知っている人も少なくないでしょう。私は誕生日です、というシールをもらって貼っておくと、出会うキャスト出会うキャスト、みんなから「おめでとう！」と祝福されるのです。これは思いの外、気持ちのいいことのようで、誕生日には必ずディズニーランドに行く、という人も多いようです。

アニバーサリーはディズニーにもあります。それこそ開業日もそうですし、ミッキーマウスやドナルドダックはじめ、キャラクターたちの誕生日もあります。アニバーサリーでは、お祝いのイベントなども行われたりするわけですが、実はそれだけではありません。記念のモノが用意されることがたびたびあるのです。

例えば6月9日のドナルドダックの誕生日。２０１１年には、オリジナルの缶バッジが入園者の一部に配られました。限定品で限られた数しか作りませんから、後からは手に入らない。配布されます、という事前のアナウンスもない。行った人にしかわからないのです。

こうしたものは、枚挙にいとまがありません。東京ディズニーランド開業5周年、ミッキーマウスの生誕80周年など、これまでにも、さまざまなアニバーサリーグッズが作られ、入場者に配られています。もらえた人はラッキーだったと喜ぶ。知らなかった人は残念がる。

これがまた、「人の心をくすぐる」にもつながる、というわけです。

こうしたアニバーサリーグッズは、基本的に無料配布です。どうしてコストをかけて、こんなことをするのか。言ってみれば、大盤振る舞いをするのか。

それは、グッズは単なるモノではないことを知っているからです。

バッジやキーホルダー、小さなグッズひとつでも、手にしたり身につけることによってそれはひとつの「ディズニー体験」になるのです。グッズを身につけているだけで、ディズニーが身近な存在になる。親近感が高まるのです。

そしてもうひとつ、人はもらったことは忘れない、ということです。心がくすぐられるからです。

私たちマーケティング部隊は当時、アニバーサリー以外でも、いろいろなディズニーグッズを配布用に作り、事あるごとにプレゼントしていました（私自身ディズニーが好きで好きでたまらなく、「みんなに好きになってほしい！」という気持ちがあったからでもあるのですが）。園内で出会ったお子さんに、ディズニー好きという女性に、さらには取引先の男性に……。

実は、「モノを人にプレゼントすることはマーケティングの一環である」と、マーケティング担当者として推奨されていました。グッズのプレゼントは、「ああ、そういえば、あのときに」という気持ちを必ずどこかで起こさせることにつながっていく、と。

こんなことを書くのはちょっと気が引けてしまいますが、ディズニーのマーケティングを知りたいという方にはお話ししてもいいと思います。

グッズにかかるコストは、それほど莫大ではありません。ところが、プレゼントの効果は、想像をはるかに超えて絶大です。もらった人はうれしいし、いつかはファンになってくれる。アニバーサリーを活用して、グッズ（もちろんクオリティの担保されたものですが）を作って配布することは、とても有効なマーケティングです。

これは、他のいろいろなビジネスでも間違いなく応用できると思います。

「パーソナライズ」――会員組織化で優越感を感じてもらう

リピーター獲得、４つめのマーケティングのキーワードとして掲げておきたいのが、「パーソナライズ（個人化）」です。

お客さまひとりひとりを、一般大衆にしてしまわない。何らかの形でパーソナル（一個人）にしてしまう。誕生日などアニバーサリーの活用もそのひとつといえますが、東京ディズニーランドでは、もっと大きなスケールで取り組みを進めていました。

私が担当したパーソナライズ化に、会員組織化があります。当初スタートした会員組織は「マジックキングダムクラブ」でした。

これは、従業員２００人以上の企業に対して、福利厚生の一環として「マジックキングダムクラブ」のカードを発行する、というものです。会費は不要で、カードを見せれば入園券を割引で買うことができます。最初は8％の割引でした。

もともと「マジックキングダムクラブ」はアメリカで誕生していました。私はその仕組みを学ぶために、入社2年目の冬にアメリカに研修に行きました。

そこで学んだ仕組みは、極めてシンプルでした。登録を希望する企業に行き、会員の名前などを書いてもらう。それだけです。「データベースのようなものは作らないのか、この情報は相当な価値があるのではないか」と聞くと、そんなことはしていない、と軽く言われました。データベースマーケティングには、まるで関心を持っていなかった、ということです。

日本では当時、今ほど個人情報管理が厳しくありませんでしたから、私はデータベースを使って何かができるのではないかと考えました。ところが、あっという間に会員の数が1000万人規模になり、とても管理しきれなくなって情報を廃棄しました（今の時代なら何らかの活用ができたのかもしれませんが……）。

開業から10年後、「マジックキングダムクラブ」には有料のプレミアム会員ができ、これがファンクラブに進化しています。

では、そもそもどうして「マジックキングダムクラブ」を作ったのか。

従業員200人以上の企業といえば、日本国内でもとんでもない数になります。それだけの企業のひとりひとりに対して「あなた方はディズニーランドが定めたクラブカード会員ですよ。割引で入園できますよ」という特典を付けることで「パーソナライズ」したのです。

会員証も用意しました。東京ディズニーランドの「マジックキングダムクラブ」に入会した企業には、この会員証を社員数の分だけ無料で発行していました。

もちろん、おトクになることが第１の特典ですが、「マジックキングダムクラブ」という会員証を持つことに「心くすぐられる感」があったようです。さらに、きっとこれは喜ばれるだろう、ということで「マジックキングダムクラブ」専用の特別なお土産売り場も作りましたが、これも大好評でした。このような取り組みをしたこともあり、最終的には５０００万枚は発行したと思います。

ただ、企業には2年ごとの更新をお願いしていましたが、有効期限が切れた会員証を持ってくる人が後を絶ちませんでした。会員証はもちろんその場で回収しましたが、私は「そういうときは『今回までは割引料金を適用しますね』という言葉をかけるように」、と伝えていました。

間違えて古い会員証を持ってきてしまったのかもしれない。もう退職してしまったが、まだ使えるのかと思って提示してしまったのかもしれない。

いずれにしても、わざわざ足を運んでくださっているお客さま。期限が切れたものを提示されたくらいでガタガタ言うべきではない、気持ち良く割引料金を適用しましょう、としたのです。そうすれば、きっとまた別の機会にも東京ディズニーランドに来てくれるかもしれない、と考えたのです。

会費を取るわけでもなく、会員としての何か縛りがあるわけでもない、気持ち良く東京ディズニーランドを楽しんでいただくためのカードですから、申請は、従業員数を書き、住所が記された印刷物などを添付して提出するだけ、と簡単シンプル。従業員数2００人以上という数字にも実はこだわらず、少人数の会社の方から「実は、従業員数が足りないのですが……」と申し出られたときには、「一応はお断りしていますが、親会社が同じ企業同士で申請されれば大丈夫ですよ」とお伝えしていました。

「マジックキングダムクラブ」はやがて、企業への営業ツールとしても活用されるようになりました。そこで、さらなる「パーソナライズ」を図ることにしました。会員証に、企業名や企業のロゴマークを入れてもいい、ということにしたのです。これもまたとても喜ばれました。その企業だけの会員証、になるわけですから。

会員組織といえば、もうひとつ、「エグゼクティブクラブ」がありました。

取引先などのお客さまを東京ディズニーランドに招待したい企業が「エグゼクティブクラブ」のサーティフィケート（証明書）と呼ばれるチケットを発行します。それを持って行くと、入り口で本来のチケットに交換してもらえる仕組みです。招待された人が、「エグゼクティブクラブ」になるということです。当時は２０００社がお客さまとして「エグゼクティブクラブ」に加わり、サーティフィケートの発行権限をお持ちでした。

簡単にいえば企業が接待用などに発行するものですが、ここでも、ゴージャスな封筒に入っていたり、エグゼクティブには入場制限を設けないようにしたりと、もらった人がより優越感を持てるような仕掛けを施していました。

そして、これはずっと外部にはオープンになっていなかったことですが、会員制のレストランも、東京ディズニーランドの中にはあります。今はインターネットでその存在がすっかり明らかになってしまっていますから、お話ししても問題はないと思います。

名称は「ＣＬＵＢ33（クラブ・サーティスリー）」。実は、カリフォルニアのディズニーランドにもあります。もともとはウォルト・ディズニーが友達を呼ぶために作ったレストランでした。カリフォルニアのディズニーランドの、ロイヤルストリート33番地に作ったことから「ＣＬＵＢ33」という名称がついたと言われています。現存しているのか定かではありませんが、当時は人目につかない場所にありました。

企業と個人、それぞれから入会金と年会費をいただいていました。もちろん企業、個人ともに資格審査と募集上限があります。といっても、ほとんど口コミで伝わってしまったため、公募はしませんでした。

会員の紹介があれば、会員でなくても、レストランの中に入ることができます。東京ディズニーランド内のレストランでは基本的に仕込みや調理はしていませんが、ここだけは違います。レストラン内で本格的な調理を行っています。一流のシェフもいます。それだけに、価格もそれなりです。

いわゆる秘密のレストランですから、入った方の優越感は相当なものだと思います。東京ディズニーランド通の方には、一度は入ってみたい、という方も少なくないようです。もっともっと当時の「CLUB33」についてはは書きたいのですが、あえてこの先はベールに包みたいと思います。

繰り返しになりますが、現存しているのか定かではない、とだけお伝えしておきます。

これら、「マジックキングダムクラブ」「エグゼクティブクラブ」「CLUB33」、3つのクラブ組織を私たちマーケティングチームが日本用に仕組みから根本的にアレンジしたのでした。

「都市伝説」――遊び心満載の「秘密の遊び方」は作り出す

リピーターを作るためのキーワード、５つめは、意外かもしれませんが「都市伝説」です。

東京ディズニーランドには、さまざまな都市伝説があります。それを「秘密の遊び方」として楽しまれている方も。「それは知らなかった、今後行ったら見てみよう」「今回は見つけられなかった。次こそは」といった具合です。

その中でも有名なのが、こんなところにミッキーマウスの絵や形が、という「隠れミッキー」。ミッキーが壁のところにちょっと描いてあったり、塀の模様がよく見るとミッキーだったり。

本当にあるのか、といえば、本当にあります。開業時からたくさんあります。東京ディズニーランドは何より遊び心が大好きなのです。だから、こういう面白い企画はどんどん実施してしまいます。しかし、自らアナウンスはしません。だから、都市伝説。

かつて、雑誌でも「隠れミッキーを捜せ」といった特集も組まれていました。今ではインターネットでもたくさん取り上げられています。

また、東京ディズニーランドが公式にアナウンスしていない、ファンの方が見つけて広まった「秘密の遊び方」もリピーター獲得につながっていました。「来る度に発見がある」ワクワクは大人も楽しいものです。開業当時の話ですが、意外に知られていなかったものをひとつご紹介。

それは、マークトウェイン号。乗船して、「この家族はどうも、ディズニーが相当、好きそうだな」とキャストが判断すると、「どうぞ、こちらへ」と案内されることがありました。招かれるのは、操舵席。船のてっぺんにある、操舵できる部屋まで案内してもらえるのです。そして、舵を触らせてもらえる。さらに航行が終わると、「あなたはマークトウェイン号を運転しました」というサイン入りの証明書がもらえるのです。

現在はどのような方法で行けるのか公開されてはいませんが、マークトウェイン号に限らず、そんな偶然も含めてぜひ楽しんでいただきたいと思います。

このように、あえて都市伝説を作っていく＝ワクワクを作っていく、という試みも新しい手法だったのかもしれません。

「地方都市」――日本全国で地道に認知度を上げる

キーワード６つめは、「地方都市」です。

２年目、３年目、４年目と入場者数１０００万人を着実にクリアすることができましたが、その背景にあったのが、地方都市への積極的なマーケティング活動を継続したことだと考えています。

事あるごとに地方都市に出向き、身近に感じてもらう、そして東京ディズニーランドに来てもらうためのアプローチを続けていました。

地方で何かイベントがあるたびに、仕掛けを組んでいました。お祭り、公共機関の開設、スポンサー企業の関連施設のオープン――そういうニュースを聞きつけたら、なるべくミッキーマウスを送り込んでいました。

というのも、地方のこうしたニュースの多くは地方局のテレビに取り上げられますから、同時にそこにいるミッキーマウスも映してくれるのです。

当時を振り返ると、こうした取り組みをとにかく繰り返していた、という印象があります。何度も何度も、取り上げてもらう。一度露出したからＯＫ、ではないのです。ここでも「これでもか、これでもか」でした。

そうすることで、生まれたときからディズニーキャラクターがそこにある、という感覚の人たちが日本にどんどん増えていったのです。

こうなって初めて、私たちは次のステージに向かうことができるようになりました。ディズニーランドの存在をアピールする必要はもうない。それよりも、今、東京ディズニーランドでは何が行われているのか、を伝えていく。今度の新しいイベントは何か。目玉グッズは何か、新しいメニューは……。そうした、情報提供へとステージが変わっていきました。

この活動を後押ししたのが、開業時からずっとコツコツと続けていた地方キャラバンでした。

私も相変わらず地方を回っていましたが、面白かったのは、固定ファンができていったことでした。「あれ、この人はあの街でも見かけたぞ」という人がいたりする。かっこいいダンサーのおっかけも現れたりする。そういう人が、今度は東京ディズニーランドでおっかけをしている。

身近になり、ファンになって、そしてリピーターになっていく、そんな空気を作り上げていったのです。しかも、首都圏ではなく地方都市で、です。これは、じわじわと効果を生んでいくことができました。

今では、ミッキーマウス仕様で作ったリムジン「リマウジン」やキャンピングカーを使って、主要都市を回っているようです。

「リサーチ」――常に改善点を洗い出す

リピーター獲得のためのマーケティングキーワード、７つめは「リサーチ」です。

これは実際に体験された方もいらっしゃるかもしれませんが、東京ディズニーランドでは、頻繁にエントランスサーベイと呼ばれる調査を実施しています。

今回はこんな方々に話を聞こう、とある程度ターゲットを絞って、クエスチョナーと呼ばれるリサーチャー役のキャストがヒアリングをします。誰と来たか、何人で来たか、車で来たか、どんなアトラクションに乗ったか……。こうした基本的な質問に加えて、不便に思ったことはどんなことだったか、どんな不満を感じたか、などネガティブな内容も必ず聞いていました。

このヒアリングはまとめられ、レポート化します。そして「10人に何人のお客さまがどんな不満を持ったか」など、データ化されてフィードバックされました。

ここから、リピーターをさらに増やしていくためには、何をすればいいのか、ということを常に洗い出していたのです。

このとき学んだことは、自分が感じていることと、人が感じていることは違うのだ、ということです。自分たちはいいと思っていても、お客さまにはそうは見えないことがある。そこは、シビアに受け止めなければならないということです。

私個人としても、知り合いに来てもらったら必ず話を聞くことにしていました。どんなところが面白いと感じたか。どんなところに不満を持ったか。

やはり、一番多い不満は、アトラクションの待ち時間でした。それも真摯に受け止めなければいけないと報告していました。それ以外の不満は、どうすれば解決できるか、常に頭に入れていました。

また、パーク内のショップで売られているグッズについても、売れ筋がすべてPOS（店舗で商品を販売するごとに商品の販売情報を記録するシステム）で明らかになっていたので、そこから反省点を導き出し、仕入れや販売に反映していきました。

リサーチをふまえて、改善を目指す。東京ディズニーランドは、常にその意識を持っていたのです。

「イベント」――季節＋集客拡大のためのイベントを最大活用する

８つめのマーケティングキーワードは「イベント」です。

当初は、季節ごとに年４回、イベントが組まれていました。今はもっと数が多く、しかも季節にこだわらないものになっていると思います。

言うまでもありませんが、季節のイベントは、その季節に来なければ見ることはできません。リピーターにとってとても大きな訴求力を持つのが、イベントでした。

オリエンタルランドには、スペシャルイベント委員会というものがあり、この組織が、さまざまなイベントを検討していました。

アメリカのディズニーランドでこんなイベントがうまくいったそうだが、日本には合うか。どんなふうにアレンジをすればいいか。あるいは、日本独自のイベントは作れないか。

また、オフィシャルホテルができた後は、ホテルでどんなイベントが組めるか、また、ホテルのお客さまの優遇措置は何かないか、などなど、ディスカッションの内容は幅広いものになっていきました。

もちろんイベントの狙いは、集客を拡大すること。しかし、イベントの数を増やせば、それだけ費用もかかります。

逆にいえば、集客を拡大しなくて良い時期、例えば夏休みの時期などは、無理にイベントをやらなくてもいいのではないか、その代わり、集客が難しい時期にピンポイントのイベントで集客を図ってはどうか、という意見が出るようになり、そのためのアイデアが募られました。

たとえば、梅雨で集客が落ちる6月にある、ドナルドダックの誕生日のイベント。どのようなイベントにしたらお客さまが「来たい」と思ってくださるか、と考えているとき「本物のアヒルにパレードに加わってもらったらどうだろうか」というアイデアがエンターテインメント部門から出ました。内部で大ウケして、面白い、やってみよう！　ということになりました。一羽一羽に名前をつけ、ネームタグをつけて五十数羽、パレードに加わってもらったのです。

可愛かったことは可愛かったのですが、思わぬ事態が起きました。アヒルたちが乗っていたパレードフロートが、フンだらけで大変なことになってしまったのです……。

集客も悪くはありませんでしたが、結局、翌年からはこのイベントはなくなってしまいました。

今では大人気になっているイベントで、実はかつてはアメリカの反対でできなかった、というものもあります。

ハロウィンです。

ハロウィンは東京ディズニーランドでは今やすっかり定着した人気イベントのひとつになっていますが、この風習は日本にはなく、こんなものは日本人には受け入れられるはずがない、ましてや、宗教色があるということでアメリカのディズニーランドでも実施していないのに、というのが、当時のアメリカ側の判断でした。ところが、やってみたら大成功。今では、東京ディズニーランドに限らず、ハロウィンは街でもよく見かけるイベントになりました。

この「ハロウィンを楽しむ文化」は、間違いなく東京ディズニーランドから始まったものだと私は思っています。東京ディズニーランドで人気になったものが、外の世界へと出て行ったのです。

クリスマスのイベントもそうです。クリスマスのイベントは、一年でも最も人気の高い、そしてリピーター率の高いイベントです。

今、40歳以上の方々ならよくわかると思うのですが、東京ディズニーランドができるまで、そもそもクリスマスというのは今のような派手なものでは決してなかったのです。

小さなツリーに白い綿を載せてクリスマスっぽい雰囲気を出し、ついでにケーキを食べる、くらいの家庭がほとんどでした。クリスマスの何日も前から電飾で派手に飾るなど、考えられなかった。銀座をはじめ、商業地やデパートも同様でした。一部に大きなモミの木を飾ったりするところもありましたが、それだけ。イルミネーションも小さなものでした。

ところが、東京ディズニーランドのクリスマスが街のクリスマスを変えていきました。商業地はどんどん明るく、派手になっていったのです。家庭でもその文化が広まり、アメリカのようなクリスマスを楽しむことが、一気に一般化したのです。

なぜなら、東京ディズニーランドは季節イベントを大々的に宣伝するからです。連日、コマーシャルが流れ、駅にはポスターが貼られ、多くの人が目にします。そうすると、日本全体がなんだかそういう雰囲気になってしまうのです。

そして同時に、東京ディズニーランドのクリスマスは本場のクリスマスの雰囲気が味わえる、と評判がますます高まっていきました。当時、クリスマスイベントは12月から行われていましたが、とんでもなく混雑するようになってしまったのです。そのため、イベント時期を早めることにしました。まずは、11月半ばからに繰り上げました。しかし、それでも混雑は緩和できない。思い切って11月からにしよう、ということになりました。やがて、商業地でもクリスマスイルミネーションは11月から行われるようになりました。

私はよく、「マーケティング担当者は、季節の取り組みを考えるときには、ディズニーランドに注意を払ったほうがいい」、とお伝えしていました。

ディズニーランドが宣伝を始める時期を見極め、そのタイミングで、季節の商品を出していけばいいのです。そうすれば、季節感を逸さない。投資するなら、これは活用したほうがいいと断言できます。ディズニーがどのタイミングで、季節感を打ち出すか。ぜひチェックしてみてください。

人を惹きつけるのは地道で継続的な試み

マーケティングとは地味で地道なもの

こうしたマーケティングを続けていき、2年目で1000万人を突破したわけですが、それが花開いていくのは開業5年目からだったのではないかと思います。

4年目まで1000万人台だった入場者数は、6年目から急激に上向き、一年で100万人も増えていくようなカーブを描いていくようになるのです。開業10年目には、実にこのスケールで1・5倍、およそ1600万人もの入場者数を獲得するに至りました。

これは、当たり前ですが「初めて来たお客さま」だけでは絶対に到達できません。一度足を運んでくれたお客さまが二度、三度と来てくださったからこそ、この数字を達成できたのです。

ディズニーが行っている「マーケティング」というと、いかにもお金がかかって派手なものというイメージがあるかもしれませんが、ここでご紹介したリピーター獲得のための８つのキーワードは、どれも地道なものです。すぐ目に見えて効果が出るものでもありません。大きなインパクトがなく、意外に思った方もいらっしゃるかもしれません。

しかし、この地道さこそがゼロから１０００万人を集客した、その確かなベースになっていました。「派手さ」ばかりではなく、小さくとも、決して見逃してはいけないポイントに注意を向けることも大事なのです。

第4章

□「サムシング・ハプン」常に何か新しいことが起きているか

□「心をくすぐる」すべてのお客さまがＶＩＰだと考えているか

□「アニバーサリー」マーケティングの一環としてプレゼントを考えているか

□「パーソナライズ化」お客さまひとりひとりを、一般大衆にしていないか

□「都市伝説」ワクワクを作り出せているか

□「地方都市」まずは身近に感じてもらえるしくみがあるか

□「リサーチ」改善を目指すためのデータがあるか

□「イベント」リピーターになってもらえるようなイベントができるか

第5章 なぜ、飽きられないのか

《ブランドを厳格に管理せよ》

ブランド管理はマーケティングの肝

露出はすべて把握する

東京ディズニーランドのマーケティングに携わっていて、何よりも印象的だったことがありました。それは、ディズニーブランドが、いかに徹底して管理されているか、ということです。

ミッキーマウスが生まれて80年以上。どうしてこれほどまでに、輝きを放っているのか。それは、驚くほど厳格にブランドが管理されているからではないか、と私は感じました。しかも、それはキャラクターに限らないのです。

人材募集広告を人事部が出すとき、ディズニーのロゴやミッキーのロゴを使ったりします。こういうときには必ず、マーケティングに「使っても構わないか」という申請が上がってきます。

世の中に触れる東京ディズニーランドに関わるものは、すべてマーケティングがコントロールしていたのです。正確に言えば、アメリカのウォルト・ディズニー・プロダクションズ社（ディズニー社）のカウンターパートによるクオリティ・コントロールでした。

マーケティングがいかにブランドをコントロールしていたのか。

そこには、当時の日本企業には類を見ないほどの緻密な決まりごとがあったのです。

承認（アプルーバル）こそ、マーケティングの鍵

「承認」、英語で言えばアプルーバル。

これこそ、ディズニーのマーケティングの肝だったと私は思っています。

ディズニーに、東京ディズニーランドに関わるものであれば、あらゆるものにアメリカ側からの承認が必要だったのです。日本で作るパンフレットにミッキーマウスをひとつ入れるだけでも、アプルーバルは求められます。

なぜか？　版権を守るためです。ブランドとクオリティを守るためです。アプルーバルがなければ、決して世の中に出さないのです。

実は、マーケティング担当者になって真っ先に勉強させられたのが、版権についてでした。版権というものがどういうものなのかよくわかっていなかった私に、お前の考え

は甘い、版権というのはこういうものだ、ということを叩き込んだのも、ノーム・エルダーでした。

「版権は財産であり、お金そのものである」

彼はそう言いました。著作権は有効活用すると同時に、徹底した保護策を打たなければいけない、と。厳格な版権管理こそが、ブランドのコントロールにつながり、クオリティのコントロールを実現させていたのでした。

背景にあったのは、ウォルト・ディズニーが若かりし頃の手痛い失敗だったようです。彼が最初に作り上げたキャラクターは、ウサギの〈オズワルド・ザ・ラッキー・ラビット〉でした。ところが、ディズニーはこの版権を手にできなかったのです。版権について無知だったために、安価で手渡すことになってしまったのです。

これがいかに重大なミスだったか、後のウォルト・ディズニーは気づきました。以来、版権には徹底したこだわりを持つようになったと言われています（現在、このキャラクターはディズニー社が再所有しています）。

ＴＤＬと言ってはいけない理由

では、ディズニーブランドの版権管理がいかに厳しいものだったか。

これは今でもそうですが、世界中どこでも、例えばディズニーキャラクターを勝手に使って商品を売り出したりしたら、即刻、通告がやってきます。ディズニー担当の弁護士から、です。訴訟を起こす、という通告です。

もし、裁判に訴えられて、キャラクターの無断使用が認められてしまったら、莫大な損害賠償を命じられる可能性があります。だから、あれほどのブランドでありながら、そう簡単に海賊版が出てこないのです。仮に海賊版の商品が売れて儲けられたとしても、その後に裁判で訴えられたら、そんな利益はおそらく吹き飛んでしまう。だから、やらない。

こうした感覚は、東京ディズニーランドにおいても同じでした。いや、内部にいれば、それ以上のブランド意識が必要だということを痛感させられることになりました。

例えば、ノーム・エルダーに言われたのは、この言葉でした。

「東京ディズニーランドのことをＴＤＬと呼んではならない」

私は、どういうことだか、最初は意味がわかりませんでした。

「ＴＤＬと聞いて、お前はどんなイメージを持つ？」

「ただの略称です」

「ＴＤＬと言われて、人は夢を感じるか？　東京ディズニーランドと呼ばれるから、みんなは夢を感じる。そこにディズニーのスピリッツが詰まっている」

ブランド管理とは、そういうことなのです。

小さな小さなところに、ブランドを毀損する思わぬ罠が潜んでいる。

そこまで徹底して見極めて、ブランド管理はしなければいけない、ということです。

以来、私は一度も東京ディズニーランドをＴＤＬとは言いませんでした。マスコミ取材で、ＴＤＬと問われても、東京ディズニーランドと返していました。まさにそういうところからブランドコントロールは始まっていると、私も理解できたからです。

他のキャラクターとの共演ＮＧの理由は「理解」

ディズニーのキャラクターを使う上で徹底的にこだわるように言われていたのが、他社のキャラクターと一緒に出してはいけない、ということでした。

なぜでしょうか？　それは、ディズニーの世界観を壊してしまう可能性がある、ということもそうですが、「そもそも自分がその他社のキャラクターを理解していないから」、なのです。

ディズニーブランドが重要視していたのは、先にも書いたように「本物を体験してもらうこと」です。なぜその体験をマーケティング担当者として人々に伝えられるのかといえば、自分でディズニーブランドを体験し、理解しているからです。

ところが、他社のキャラクターについてはよく理解していない。それでは、本物の体験を伝えることはできない。よって、使うべきではない、というロジックです。

このロジックで困ってしまったのは、後に著名なタレントとミッキーマウスなどのディズニーキャラクターとのコラボレーションの企画が出てきたことです。

著名なタレントは、キャラクターではありません。しかし、一緒に出すとなれば、そう簡単にはいきません。ディズニーキャラクターとコラボレーションするだけのクオリティがあるのか、ということがまずは問われるのです。

ただ、最終的な承認をするのはアメリカ人ですから、たとえ日本で高い人気を誇るタレントであっても、アメリカでは知られていなかったりする。こうなると、アプルーバルは出ません。出たとしても、扱いに大きな違いを出せ、と言われる。ミッキーマウスを大きく出して、タレントを小さな扱いにせよ、などです。しかし、それでは今度はタレント側が納得しない。どうしてミッキーマウスよりもはるかに小さな扱いになるのか、となるわけです。

難しい舵取りを迫られることがよくありました。しかし、最終的には先方に納得してもらうしかありませんでした。そうでなければ、アプルーバルは出ない。企画は絶対に通らないからです。それほどまでに徹底しているものでした。

簡単にブランドを使えない、と思ってもらえるまで

アプルーバルの厳しさといえば、もうひとつ、なんといってもロゴ使用の大変さを忘れることができません。

先にも書きましたが、たとえ人事部が小さな求人広告を新聞に出すために東京ディズニーランドのロゴマークを使用したい、という場合にも、必ずチェックが入り、アプルーバルを受けなければならないのです。

人材募集であれば、その広告はディズニーのクオリティを満たしているか、がまず問われます。そしてロゴを使うときには、ロゴの周囲何センチは空きがなければいけない、

という「プロテクトエリア」のルールや、色の厳格な指定がありました。写真についても、うまく使っていなければ承認はされません。

承認は3段階ありました。原案承認、承認、そして最終承認です。広告なら、原案がチェックされ、構成やデザイン、色がチェックされ、最終承認に至る。これが、小さな広告まで必要になるのです。

難しかったのは、ロゴやキャラクターを使いたいのは、必ずしもオリエンタルランドだけではなかった、ということです。

例えば、旅行会社は東京ディズニーランドツアーを扱いたい、だからポスターを作りたい。そうすれば、ロゴを使いたい、写真を使いたい、ということになります。

しかし、ロゴを使うには厳格なプロテクトエリアのルールがありますし、写真も自由には使えない。要するに、旅行会社が作るポスターやパンフレットまでも、アプルーバルが必要だ、ということになるのです。

これを全国の旅行会社から見せてもらうとなると、大変です。とんでもない量になります。

しかし、必要ならやるしかない。それがディズニーの考え方でした。旅行会社はツアー募集をしてくれる大事なお客さまでもあるので、自由に任せてもいいじゃないか、などということには絶対にならないのです。

とはいえ、これはあくまでこちらの事情なので、まずはそれを理解してもらわないといけませんでした。実際、「ポスターひとつ、自由に作ってもらうわけにはいかないのです。アプルーバルを得るためにチェックをさせていただけませんか」と旅行会社に伝えたときは、「自分たちはリスクを取って東京ディズニーランドツアーを企画する。にもかかわらず、その重要なツールであるポスターやパンフレットを自由に作らせないとは何事か」と激しい抗議を受けました。それで落ち込んでいる同僚もたくさんいました。

しかし、お叱りを受けても、ダメなものはダメ。それを貫くのがディズニーです。私はこうお伝えするしかありませんでした。大事な取引先なのに、です。

「アプルーバルなしにロゴやキャラクターを使われた場合には、版権違反になります」

そこまでブランドコントロールを徹底する。

逆にいえば、そこまで徹底するからこそ、ブランドはコントロールできるのです。

このようにお叱りを受ける中、「ただダメですと突き返すだけでは、それこそダメだ」と思い、私はもっと前向きにアプルーバルについて伝える方法はないかと考えていました。

旅行会社はじめ他社でロゴやキャラクターを使いたい場合どのようにすればいいのか、

という細かなマニュアルづくりも必要でした。ロゴをどういうレイアウトにして、どういうタイトルで、どんなふうにするとアプルーバルがおりやすいのか。直接お話する際には必ず付け加えて説明するようにしていました。

しかし、これでは手間ばかりかかります。悩んでいたあるとき、ひとつのアイデアが浮かびました。パンフレットやポスターなどに、ディズニーのマニュアルに即した形で、最初からロゴやキャラクターを入れたものを作っておくことにしたのです。

アプルーバルが必要な部分は最初から印刷しておいて、残りは空白になっている。その部分は自由に使ってもらっていい、というわけです。こういうものを、数種類、用意しました。本当はまったく「自由に」というわけにはいかないのですが、小さなチラシまでとてもチェックし切れない。そんな中の工夫でした。

これほど版権に厳しいのだ、ということを理解してもらうのに時間はかかりましたが、おかげでディズニーに関してはそういうものなのだ、という認識が確実に定着していきました。これまで自分たちが相手にしてきたブランドとは違うのだ、と。

こうした厳しい版権管理で、結果的にはディズニーは、クオリティを厳格にコントロールすることに成功しました。ブランドやキャラクターをむやみに使わせない、おかしなふうに使わせない、イメージを保ったままで使ってもらう、ということが可能になったのです。

マスコミにも、事前に記事や写真のチェックを

また、マーケティングとして、こうしたブランドに対する慎重な扱いをマスコミにも求めました。

開業前のプレビューでマスコミを呼んだときも、こんなふうに伝えよ、と私はノーム・エルダーに言われていました。

「勝手に取材や撮影をしないでください。これらの版権はディズニーにあります。外から撮られたときにも、ディズニーの版権に関わります。勝手に写真などを使われた場合には、版権違反に問われることがあります」

マスコミからは、そんな取材は聞いたことがない、と批判の声を受けました。自由に取材させない、写真を撮らせないとはどういうことだ、広告ではないんだぞ、と。

しかし、自由に掲載、放送されたりしたら、東京ディズニーランドにとって本意でないようなイメージの写真が掲載されてしまうかもしれない。それでは、ブランドのコントロールができなくなるわけです。

ということで、事前にアポイントのない取材はお断りしました。外側から望遠で東京ディズニーランドを撮ろうとしているマスコミもいましたから、周辺をいつもパトロールしていました。写真については、使用に関して申請を求めることにしました。

しかも、記事についても事前に確認するように、と言われていたので、「事前に記事内容を見せてほしい、掲載する予定の写真も申請してほしい」とマスコミにはお願いしましたが、ここでも、そんな手間がかかることをどうしてしなければいけないのだ、と猛反発を受けました。

それに対しては、後々のトラブルを避けていただくためです、とお答えしていました。それに加え、原稿を見せてくだされば、代わりに、ディズニー側で用意した、とっておきの情報や写真を提供しますよ、という提案をしたこともありました。ただ押し付けるばかりではなく、お互いにプラスになることを意識するようにしていったのです。

最初からこうした取り組みを進めていたことで、「東京ディズニーランドの取材とはこういうものだ」「事前に申請をしなければならないのだ」ということが次第にマスコミにも理解してもらえ、浸透するようになっていきました。これが、ブランドのコントロールに大きな役割を果たしたことは、言うまでもありません。

情報量も意識的にコントロールする

情報量で、飢餓感をつくり出す

これは後に書きますが、メディアには、たくさん東京ディズニーランドに関する報道が出ました。ありがたいことでした。それはそのまま、東京ディズニーランドのＰＲになるからです。

しかも、そのほとんどが、ディズニーによってチェックを受けたもの。あるいは、しっかりディズニー側がアテンドして作られたものでした。不本意なイメージのものは外には出ない。ブランドコントロールされた情報だけが、報じられることになる。これが、どれほど東京ディズニーランドの成功に寄与したか、ブランドイメージの向上に役に立ったか、ご想像いただけると思います。

ところが一方で、ノーム・エルダーは、私にこうも言っていたのです。

「重要なことは、マスコミに露出し続けることではない。永続的に取り上げてもらうということだ」

要するに、あまりに露出し過ぎるな、ということです。露出し過ぎると読者や視聴者から飽きられてしまう。マスコミにとっても、新鮮味がなくなってしまう。出し惜しみも心がけよ、というのです。では、どうするか。

イベントなどで大きくドーンと取り上げてもらい、時期的に盛り上がった後は一気に情報を絞るのです。取材もなるべく受けず、露出を減らしてしまう。マスコミの報道量も、コントロールしてしまうのです。どっと出た後に、一気に控える。

そうすると、飢餓感がうまれます。マスコミもまた扱いたくなる。読者や視聴者もまた見たくなる。「また東京ディズニーランドのことか」ということにはならないよう、調整するのです。そしてこれは、マスコミへの情報露出に限りませんでした。イベントなどがあまりにヒットし過ぎてしまうと、トーンダウンさせる。あまりに過熱しないようにするのです。

流行しすぎるとすぐに廃れてしまう、というのは日本にいるみなさんは感じていることだと思います。ディズニーではこうして意識的に、意図的に常に良いテンションを保ち続けるようにしていました。

目先の利益にとらわれない

私が東京ディズニーランドにいたとき感じていたことは、ディズニーのブランドはお金では動かない、ということでした。いくらお金を積まれても、ディズニークオリティに沿わないものは絶対にやらない。そこに徹底したこだわりがあったのです。

ヨーロッパでは高級ブランドとして認知されていたのに、日本にやってきた途端、生活必需品などありとあらゆるものにロゴやデザインが使われるようになってしまって、イメージを一気に損ねてしまったブランドがあります。こうなってしまうと、ブランドイメージを取り戻すのは並大抵のことではありません。高級ブランドなら、なおさらです。

そうしたブランドの最大の問題は何だったのか。

私は、お金を払えば使えた、ということだと思うのです。どんなものでもお金さえ払えば使えた。ブランドのコントロールを、まったく行わなかった。お金はたしかに入ってきたかもしれません。しかし、ブランドのイメージは大きく破壊されてしまうことになったのです。

ディズニーが、お金を求めていないわけではもちろんありません。しかし、お金だけに判断を左右されることはなかったと私は感じています。

これもまた、ブランドのクオリティを保ち続けた理由だと思うのです。

第5章

- □ブランドとクオリティを守るためにアプルーバルのしくみをつくる
- □版権は財産であり、お金そのもの
- □ブランドを毀損する罠は、些細なところにひそんでいる
- □露出し続けることより永続的に取り上げてもらうことが大事
- □ときには情報量をコントロールして、飢餓感を生み出す
- □ブランドの露出は、お金だけに判断を左右されてはいけない

第6章——なぜ、マスコミに取り上げられるのか

《メディアの気持ちを考えよ》

#「らしい」ニュースを作り出す

##「広報」の力で露出を高める

マスコミ情報も東京ディズニーランドはコントロールしていた、と書きましたが、そもそもどうして、あれほどまでに東京ディズニーランドはマスコミに取り上げられているのか。ここにも、ちゃんと理由があります。

もともとディズニーは、テレビコマーシャルなどのマス広告に、とても積極的でした。いわゆる「宣伝」です。

宣伝費は、当時、売上高の2~5%という、巨額の予算を確保していました。そして、イベント時期などに合わせて、大量のコマーシャルや駅貼りポスターなどを展開していくのです。

東京ディズニーリゾートの季節イベントに合わせてキャンペーンを行うといい、と先に書きましたが、それは東京ディズニーリゾートが日本の季節感を変えてしまうほどの量とインパクトで、巨額の広告キャンペーンを行うからです。

しかし、マスコミに取り上げてもらう、というのは、この「宣伝活動」とはまったく別物です。ニュースとして東京ディズニーリゾートを取材し、撮影し、新聞や雑誌、テレビなどで紹介していくのです。

これは、「広報」というものです。

そしてこの「広報」が、ディズニーは極めてうまいのです。だから、宣伝のみならず、マスコミに大量のディズニー情報が展開されていくことになるのです。

では、東京ディズニーリゾートはどのような広報活動を推し進めてきたのか。なぜ、マスコミに取り上げられるのか。ご紹介したいと思います。

「祝日」にも「広報大使」にも、「らしさ」を出す

ひとつには、日本の祝日。これは重要なヒントになりました。

例えば、敬老の日。何かイベントをしよう、と企画を立てていました。シンプルに高齢者の方々に東京ディズニーランドに来てもらう、というのもニュースとしてはアリかもしれません。しかし、それだけでは面白みに欠けるし、なんといってもディズニーら

しくない。夢がないし、「これでもか、これでもか」でもない。

では、どうしたか。おじいさん、おばあさんのカップルを150組募集して、トゥモローランドにある劇場で、ダンスを踊ってもらったのです。ご主人はタキシードを着て、奥さまは派手なドレスを着ていただいて。

圧巻の光景。そして、本当に素敵な光景でした。

踊っているほうはもちろん、見ているほうも、もう大盛り上がりです。

当然、事前にマスコミにも知らせておきます。なんといっても絵になります。夢もあります。ディズニーランドと敬老の日という「ギャップ」もメディアに喜んでもらえそうです。これは見てみたい、となったら、間違いなく来るのが彼らです。そして、その日のニュースで取り上げられるのです。

一歩踏み込めば、ニュースにしやすい企画ができる。メディアにもワクワクしてもらうことができる。

視点を少しズラすだけで、立派な「ニュース」になるのです。

地方のお祭りやイベントを徹底的に洗い出す

東京ディズニーランドが開業してからも、地方に積極的にプロモーションに出掛けていたことはすでに触れましたが、ここでも単なるプロモーションに終わらない工夫を常に考えていました。取材してもらい、ニュースとして報じてもらうことです。

そのために、広報の担当者が意識していたのは、地元のニュースやトピックスです。例えば、新幹線の駅が開業する。何かのパレードが行われる。大きなお祭りがある――。そういう機会に、コラボレーションするのです。

ただ、ディズニーキャラクターがやってきても、それだけで終わってしまうかもしれない。しかし、ディズニーキャラクターが、地元でニュースになるような場にやってきたらどうなるか。それなら、ただやってくる以上に大きく注目される。

ならば、そういうトピックスに合わせてプロモーションを組んだほうがいいに決まっています。そして、事前に地元のテレビ局や新聞社などのメディアに連絡をしておく。テレビ局や新聞社にとっても、視聴者が求めるようなニュースとして報じることができるわけです。

東京ディズニーランドでは当時、地方プロモーションの専任部門ができて、地方のイベントやトピックスを徹底的に洗い出し、東京ディズニーランドとコラボレーションができないか、探っていました。できるとなれば、すぐにスケジュールを組み、マスコミも調整する。

「今日はスペシャルゲストとして、ミッキーマウスが来てくれました！」

私も幾度も地方のイベントに関わりましたが、ディズニーキャラクターが登場すると、ひときわ大きな歓声が上がりました。盛り上がるのです。そして一度、この盛りあがりを体験すると、翌年からは「ぜひまた招待したい」ということにもなります。こうして、地方のメディアとの間でつながりと、プロモーションの流れができる。テレビも新聞も雑誌もやってくる。広報戦略が確立していくのです。

今もよく覚えている印象的なものに、横浜の港でのお祭りがありました。

「みなさん、ミッキーマウスが、わざわざ東京ディズニーランドを抜け出して、横浜にやってきてくれました！」

もう地元のみなさんは大盛り上がりです。もちろんその様子は地元のテレビで放映されました。ディズニーキャラクターは、ただ出てくるのではない。きちんと考え込まれた場に、現れるのです。

マスコミを「味方」につける

各メディアに〝お土産〟を忘れない

ニュースにしやすいように考える、という意味では、すべてに物語があるということを常に伝えていく、ということも重要です。

取材を受けたときには、ただそこにある〝モノ〟を見てもらったり、触ってもらったりするだけではなく、その物語を理解してもらえるよう、努力していました。

「これにはこういう意味があるんですよ、こういう物語があって……」こういう説明をすると、「へーえ、なるほどそうなんですか」と、それが記事になる。ただ、「これはきれいですね、素敵ですね」というだけでは終わらせず、ぜひ視聴者や読者に伝えたい、という気持ちになってもらえるようにするのです。

となれば、説明する側が、しっかり物語を理解できていなければなりません。さらにいえば、物語を説明できるだけの人員が必要になります。

例えば、大きなイベントでは、大変な数のメディアからの取材依頼が来ることになります。しかも、当日に取材に来てもらわなければいけない、となると、その大変な数の取材を一度に受けなければならない。それでは、とても丁寧な説明などできません。ではどうしたか。

実は、〝臨時広報部員〟を送り込んだのです。

広報部門に属している・いないにかかわらず、物語に詳しくしゃべりがうまい社員、ディズニー好きの社員を、臨時広報部員になってもらっていたのです。運営から、食堂から、商品担当から、さまざまな社員が担ぎ出され、就業時間後を使い、1カ月にわたってトレーニングを受けました。

そして、取材に来てくれたメディア一社一社のすべてに、一人ずつ担当者が付いたのです。話が聞きたい、こんなところが見たい、こういう映像や写真が撮りたい……。すべて担当者が、個社ごとに連れて行ってくれる。つきっきりで面倒を見てくれる。こういったアテンドは、マスコミの方にもとても驚かれました。

開業5周年のときには、200社以上の取材が来ましたから、200人近くの〝臨時広報部員〟が対応しました。

このように、ないなら作れば良い、という考え方は、今の私にも深く根付いています。

私たちは、メディアの方々に気持ち良く帰ってもらう、ということにもこだわっていました。広報として対応する側には、取材の推奨ルートのようなものが事前に知らされていきます。こういう順番で取材してもらうと行ったり来たりせずに網羅ができる。撮影のポイントも決めておけば、お客さまが写り込んだりするようなことも少ない。

ところが、メディアというのは、そう簡単にはいかない人たちです。自分たちが撮りたいものにこだわるので、推奨ルートを大幅に外れたりする。時には、思わぬものを撮りたい、取材したい、果てはコラボレーションしたい、ということにもなる。そういうときに、「上司と相談します」といちいち電話をしていては、メディアの方々は冷めてしまいます。

そこで、とりわけ大きなイベントなどでは、広報部員にかなりの権限が与えられていました。例えば、この商品を番組でプレゼントできないか、などという要望が来ることもあります。そういうときには、担当者が1本、電話を入れるだけでＯＫになる体制をあらかじめ作ったりしていました。メディア対応に時間と手間をかけないのです。

さらに、メディアの方々にお土産を持って帰ってもらうことも忘れませんでした。ここで、お菓子などを持って帰ってもらっても仕方がありません。

そうではなくて、東京ディズニーランドでしか手に入らないもの、例えばイベントに関連したもの、そのときにしか手に入らない特別なものを用意して、プレゼントするのです。

宿泊してもらったオフィシャルホテルの部屋にはプレスキットを用意しておくのですが、一緒にイベントに関連したディズニーの小物やアメニティを置いておくことも忘れませんでした。

また、大きなフィギュアをお土産にしたこともあります。担当記者の方からは、「去年もらって家に持って帰ったら、お父さんとしての評価が高まった。ありがとう」「来年も呼ばれたい。異動しないように祈っている」なんて声をよく聞きました。

要するに、マスコミがまた来たくなるような取り組みをしていたのです。

フィギュアなどは、マスコミ関係者に限らず、お世話になっている旅行会社にもよく持って行きましたし、クリスマスの時期にカレンダーと一緒にお送りしたりしていました。とても喜ばれ、そして、必ず覚えておいてもらえる。これがじわじわと効くのです。

〝お土産〟の威力を実感したことが、私は幾度もありました。

そのまま記事になる「プレスリリース」

取り上げてもらいやすくなる、という点でぜひご紹介しておきたいのが、広報のリリース、いわゆるプレスリリースです。これが、見事な作りだったことを今もよく覚えています。

ディズニーがどんな意図で、どんな物語をベースに、いつからイベントをやるのか。それが手に取るようにわかるような文面が、いつも工夫されていました。

さらにリリースには、写真も付けていました。昔はデジタルデータではありませんでしたから、プリントに加えて、ネガフィルムも付けていました。プリントしたものは、マスコミ各社にファックスされますが、それとは別ですべて郵送でもリリースを送っていました。

プレスリリースには、必ずキャラクターを入れてビジュアルがついてくる。受け取った人が、行きたいな、と思えるようなリリースが心がけられていたのです。

さらに、記者の立場に立った配慮もありました。受け取ったメディアが、それをそのまま記事にできてしまうリリースを送ることを意識していたのです。

プレスリリースといえば、自社のことをなんとか理解してもらおう、記事に取り上げてもらおうと、自己中心的になりがちです。そうではなくて、客観的に、もし記事化されるのであれば、どんな記事になりうるのかを記者の立場に立って考えてみる。リリースにも、当時からこんな工夫をこらしていたのです。

「広報活動」にもコストをかける

テレビコマーシャルをはじめとした「宣伝活動」がダイレクトに人々に訴えかけていくものだとすれば、「広報活動」はじわじわとディズニーの認知を高め、来場促進へとつなげる効果を持っています。

「宣伝活動」はインパクトはあるけれど、見てもらえる時間は少ない。ダイレクトな訴求だけでなく、じわじわとコツコツとじっくり広げていく「広報活動」があってこそ、東京ディズニーランドの存在や魅力を、多くの人に伝えていくことができたと思っています。

さらに、「宣伝活動」の場合は、当たり前ですが、見る人も広告だと思って見ているところがある。一方の「広報活動」は、マスコミというフィルターを一度通してから発信されますから、広告とはまた違う印象を持ってくれたのだと思うのです。

その意味では、「宣伝活動」と「広報活動」はお金を払って宣伝してもらう、ということだけではない、大きな違いがあります。そしてダイレクトな宣伝ではないにせよ、「広報活動」にも、しっかりとコストをかけていく価値は十分にあるのです。

実際、マスコミの取材を受けて、きちんと報じてほしい形で報じてもらえれば、確実に効果があります。リサーチでも、それは明らかでした。

だからこそ、東京ディズニーランドは、マスコミを大切にしていたのです。

そういえば、ひとつ印象的な出来事を覚えています。あるとき、「ミッキーマウスに、ラジオ番組のゲストとしてスタジオに来て欲しい」、と依頼されたことがありました。

「いくらなんでも意味がないのではないか」

私はカウンターパートに言いました。しかも、しゃべらなくていい、と先方は言うのです。ビジュアルとして映らない、しかもしゃべらないミッキーを、ラジオのスタジオに呼ぶ？　私は、これはさすがにやめたほうがいいのではないか、と反対しました。しかし、私の心配とは裏腹に彼は、

「いやいや、ぜひ行ってもらおう」

と、手はずを整えたのです。

一体どうなることやら……と思ってそのラジオを聴いていたのですが、私が間違っていました。ミッキーマウスがスタジオに入った瞬間、スタジオ内の雰囲気が一変したのです。スタジオ内の女性たちの興奮、近づいていくミッキーマウス、叫び声と喜び……。ラジオを聴いていた人たちにも明らかに伝わりました。

私は改めて、マスメディアの威力を思い知りました。そして、「広報活動」というのは、本当にいろんなことができるのだということを、このときに知ったのでした。

その後、ミッキーマウスはたびたびラジオに出演するようになりましたが、いつも大変な好評をいただいていました。

第6章

□マスコミが報じたくなるようなワクワクするニュースに仕立てる
□1メディア1人の体制で、気持ちよく取材できる環境を整える
□また取材にきたくなるようなお土産を必ず渡す
□そのまま記事にできるレベルのプレスリリースを送る
□可能性が無限大の広報活動。宣伝同様きちんとコストをかける

第7章

なぜ、3000円のポップコーンが売れるのか※

《利益を先に追求するな》

価値と価格は分けて考える

喜びがお金を使う理由になる

東京ディズニーランドに最も近い舞浜駅のあるＪＲ東日本の京葉線の車内や、東京駅の乗り換え口では、休日ともなれば、東京ディズニーリゾートの大きな袋をいくつも抱えた人たちをたくさん見かけることになります。

どうして、これほど人はお土産を買うのでしょうか。

決して安いものが売られているわけではない。それでも人々は、買い物をしてしまう。実際、先に開業前の価格設定と客単価設定について書きましたが、実は結果は予想以上の数字になったのでした。

当初の想定では、入園券、パスポートなどを平均して３５００円、お土産が４０００円、飲食が２食で２５００円をイメージしていました。これで合計１万円です。となれば、家族４人で来れば、合計４万円になるはずです。

ところが違いました。

家族４人では、５万円。おじいちゃんおばあちゃんも含めた６人だと、８万円にも９万円にもなったのです。

なぜかといえば、子どもが喜んでくれるから。多くのお父さん、お母さん、さらにはおじいちゃん、おばあちゃんがそう言っていました。

端的に言ってしまえば、〝夢の国〟は財布の紐をゆるめるのです。なぜか？　それが笑顔につながるからです。お金を使うことによって、喜んでくれる人がいる。笑ってくれる人がいる。だから、人は財布の紐をゆるめるのです。

これは、カップルでもそうでしょう。恋人が喜んでくれるから。友人たちと来たという人もそうでしょう。みんなと楽しんでいるから。それこそが、ディズニーランドで人々がお金を使う理由なのです。

では、ディズニーランドがどのように「お金」や「利益」について考えているのかお話ししたいと思います。

※東京ディズニーリゾートで販売されているダッフィーのバケット入りは、２０１３年時点では２８００円

価格に乗っかっているものは何か

どうしてポップコーンがこんなに高いのか。どうしてレストランは、あんな値段なのか——。

東京ディズニーランドがオープンしたときも、園内の価格について、いろいろな問い合わせを受けました。

しかし、高いのか安いのか、というのは、単純には比較できないと私は考えています。

たとえば、レストランに行く。酒屋さんでなら250円で買えるビールが、レストランでは500円で提供されていないでしょうか。家で飲めば1杯200円のワインが、レストランでは1杯1000円になっていないでしょうか。では、これは高いと言えるのかどうか。

おそらく原価は、多くの人がびっくりするほど安いはずです。しかし、レストランでは誰もそんなことは気にせずに、提示された価格で料理を食べます。

どうしてかといえば、料理は原価だけでは提供できないことをわかっているからです。作っている人や運んでいる人の人件費はもちろん、家賃、電気代やガス代、厨房の設備費、テーブルや椅子の価格、さらには清掃代だってかかってくる。こうしたものをトータルして、レストランはビールやワインの値段にせよ、料理の値段にせよ、設定しているのです。

これは、東京ディズニーランドも同じです。

総事業費は1800億円。働いている従業員は一日で平均5000人。あれだけのアトラクションが動いていれば、電気代も半端なものではありません。そこで提供されるものが、園外のモノの価格と単純に比較できるはずはないのです。

逆にいえば、たとえ価格がいくらであっても、そこに妥当性さえ見出せば、人々は価格を気にしたりはしないということです。

フォーカスしなければならないのは、価格ではありません。

何が提供されるか、ということなのです。

付加価値とストーリーを提供する

では、東京ディズニーランドは、何を提供するために、どこにこだわったのか。

1つめは、今、ここでしか売っていないものを生み出す、ということ。

あくまで、オリジナルに開発した、しかも、ディズニークオリティを満たしたものを作り、販売する。なぜなら、ここは〝夢の国〟だからです。外の世界と同じであってはならない。その考え方を、飲食やグッズでも貫いているのです。そして、ほとんどの商品が限定品です。ずっと売られ続けているもののほうが少ない。在庫がなくなれば、もう手に入りません。

2つめは、モノにも物語を持たせる、ということ。

これは、どういうキャラクターに関わる、どういうものなのか。モノにもストーリー性を持たせていくのです。

例えば、今や東京ディズニーシーで爆発的な人気となっているダッフィーですが、実は5年ほど前までは、それほどの人気がありませんでした。なぜかといえば、インパクトのあるストーリー性があるキャラクターではなかったからです（実は最初は、ダッフィーという名称すらなかったのです）。

ところがあるとき、「ディズニーベア」をヒントに日本で人気のあるクマのぬいぐるみのイメージで、ミッキーにミニーが贈ったぬいぐるみ、というストーリーを作り足した。物語を作り、ダッフィーという名前を付け、ダッフィーの友だちとして、女の子のシェリーメイも加えました。

ストーリーが出来上がったから、アメリカ以上に日本で火が付いたのです。そして、香港ディズニーランド、ウォルト・ディズニー・ワールド、ハワイのアウラニ・ディズニー・リゾートへと飛び火していったのです。

そして3つめは、来る度に違うものを売っている、ということ。

リピーターが多いことを前提に考えているからこそのこだわりです。毎回同じものばかり売られていたのでは、面白みがないでしょう。あえて違うものを売る。まったく違った展開にする。そうすることで、次はどんなものが売られているんだろう、どんなものに出会えるんだろう、という期待を持ってもらえる。

実際、これは開業直後にさまざまなトライアルをして明らかになったことでもありました。展開を大きく変えることで、入場者数が変わっていくことがデータでもはっきりしたのです。

このように、付加価値をしっかりとつけていくことで、思わず「欲しい」「持っていたい」と思われるような商品を作ることができたのでした。

アメリカでも評価されたジャパンクオリティ

実は園内で扱うグッズなどは、当初はアメリカのディズニーランドで売られていたものが3分の1を占めていました。お菓子もクッキーやチョコレートなどはアメリカ仕様のものが多かったと書きましたが、グッズに関してもそうだったのです。

しかし、次第に、アメリカのクオリティを超えるものが日本発で出てくるようになっていきました。とりわけ、私たちマーケティングチームが扱っていたプロモーション用の販売促進商品、さまざまな人たちにプレゼントしていたような商品は、日本のクオリティの高さが認められ、アメリカ側のＯＫさえ出れば、どんどん作っていいということになりました。

「今回のイベントではキーホルダーを作ろう」

「非売品の時計は絶対に喜ばれるぞ」

と、それこそジャパンクオリティでたくさん作りました。そして後に、日本発のものが、アメリカでも配布されるようにもなりました。ジャパンクオリティは、ディズニーにも認められたのです。

一方、販売する商品は、商品部という専門のセクションが担当していました。当初扱っていたアメリカ発の多くの商品は、残念ながら売れ行きはあまりよくありませんでした。そこで、ここでも進められたのが、日本発の商品の開発です。

企画には、お土産と同様、数多くの日本のメーカーに協力してもらいました。東京ディズニーランドにふさわしいものを提案してもらうのです。これが、かなりレベルが高かった。

提案を受けて、これは東京ディズニーランドらしい、ディズニークオリティにもふさわしい、と思えるものは、アメリカに申請を出しました。そして、結果的に日本で作られたもののほうが、日本では売れるようになったのです（商品部が扱うグッズに関しては、アプルーバルはマーケティングを通さない商品部担当のカウンターパートによって与えられていました）。

イベントがあるときだけは統一商品を作る必要があったので、マーケティングチームも加わるスペシャルイベント委員会の中で大枠の企画を立て、それをもとに商品を作っていきました。

いずれにしても、クオリティの高い、日本人受けする商品が続々と投入されることになったのです。

マネタイズよりも先にある感動や驚き

喜ばせることを考えたら、お金は後からついてくる

東京ディズニーランドは巨額の投資によって生まれました。その返済資金を早く作るためにも、儲けなければいけなかったのも事実です。

しかし、開業当時、私たちは、まずは儲けありき、ではいけない、と考えていました。その前に大事にしなければいけないことがあるからです。

それは何かといえば、お客さまに喜んでもらう、ということです。人に喜ばれる、面白いと言ってもらう。これが先になければならない、前提でなければならないのです。

逆にいえば、お父さん、お母さんが、子どもたちに喜んでもらおうとお金を使うように、人が喜び、笑い、驚き、楽しめば、そこにお金はついてくるのです。

ディズニーはマネタイズがうまい、と言われますが、それは儲けを考える前に、徹底して感動や驚きについて頭を巡らせているからだと思います。だから、人々はディズニ

ーに「高い！」という印象を持たないのです。感動や驚きがなければ、ディズニーだからとお金を使うことはありません。

つまり、アイデアを出して喜ばれると、必ずお金がついてくる、それこそが、基本的な考え方です。相手を喜ばせることができたなら、自分も喜ぶことになる。だから、まずは相手を喜ばせることを考えなければいけない。それが、実は本当のお金儲けのコツ、大原則だと思うのです。

だからこそ、日々、どういうところに自分は感動するのか、人は感動するのか、アンテナを立てておくことが大切です。面白がって物事を見る。そこにどんな楽しみがあるかを想像する。

東京ディズニーランドが開業したとき、ワールドバザールの中央でテープカットが行われたことは先に書きましたが、そのカットされた後のテープは床に落ちたままになっていました。

「このテープ、一体どうするの？」

と聞いてみると係の人に「もう必要ないから捨てるよ」と言われました。私は瞬時に、

「これ、もらって帰っていい？」とお願いしていました。

持ち帰ったテープは、短く切って記念のパネルを何枚も作りました。そうして作った

ものをディズニー社のウォーカー会長やアメリカにいるディズニーファンなど、いろいろな関係者にプレゼントしたら、ものすごく喜ばれました。私の今の仕事部屋には、ディズニー社の会長の写真とサインの入ったお礼の手紙にこのときのテープを貼り付けた記念のパネルが飾られています。

これ、すごいね、と多くの人が言ってくれます。いろんなことを面白がっていると、反射でアイデアが浮かんできます。そして面白いやつだ、アイデアが出てくるやつだと思われると、思わぬところから仕事がやってきたりする。私の場合、まさにその繰り返しで、今があるのです。

「この指、止まれ」のビジネス

「ディズニーはマネタイズがうまい」という声を耳にすることがある、と先にも書きました。実際、アメリカでも日本でも、大変な利益率のビジネスを展開しているということは間違いないと思いますが、かつて中から見てきた立場から見てもマネタイズがうまい、と思います。

というのも、マネタイズに無理がないのです。自然な形で大きな利益をあげることに成功しています。

その理由こそ、まさにまずは人に喜ばれること、驚かせること、感動させることから始まっていることだと私は感じています。

ディズニーは、「この指、止まれ」のビジネス。

頭を下げて「来てください」「買ってください」「これはどうですか」「あれはどうですか」ということはしない。

まずは、自分たちが「これだ」と思うクオリティの高いものを作る。そこに人々が集まってくる。集まってくれれば、そこがビジネスの場所になる。まずは、「これだ」ありきなのです。

東京ディズニーランドには、アトラクション施設の多くに企業の名前やロゴが入っています。あそこに企業名やロゴを出している企業は、オフィシャルスポンサーと呼ばれています。

当時、アトラクションにスポンサーがついているなんて、おそらくディズニーランドだけだったと思います。これは、どういうことなのでしょうか。どうして、ディズニーランドは、スポンサーを獲得できるのでしょうか。

発想はシンプルです。

年間1000万人の人が訪れるということは、1000万人の人の目に触れる可能性がある、ということです。つまり、駅などに看板を出すのと同じ発想なのです。そしてディズニーランドには、ファミリーを中心に1000万人もの人が訪れる。つまりは、テレビを見る層が多いから、テレビのコマーシャルと同じ効果が得られます。

東京ディズニーランドを媒体、メディアとして見たのです。

おそらく最初から、ディズニーはスポンサーシップのビジネスを展開するつもりはなかったのではないかと思います。ところが、人気が高まり、入場者数が増えたことで、こういうビジネスができることがわかった。「この指、止まれ」を極めたら、こういうことも可能になった、ということなのです。

ちなみに、スポンサーが負担する費用は、5年から10年の契約で、相当な額に至るものまであります。これだけの費用をかけてでも、東京ディズニーランドのスポンサーになる意味がある、と判断しているということだと思います。

そしてもうひとつのスポンサーの大きな利点は、ディズニーのスポンサーであることを打ち出して広告が展開できることです。ただ、これは考えてみれば、スポンサーが自社の広告費用で東京ディズニーランドも宣伝してくれる、ということにもなるわけですが。

なんとも見事な仕組みだと思います。

むやみに無料にすると価値は下がる

これだけの「価値」を持っているディズニーランドや、ディズニーキャラクター。価値が高まれば高まるほど、そこにはまたマネタイズの機会が生まれてきます。逆にいえば、無料にするわけにはいかない、という事情もあります。

例えば、オフィシャルスポンサー企業が自社のポスターを作るために東京ディズニーランドで撮影をしたい、ということになったらどうなるか。残念ながら、きちんと使用料をいただかなければなりません。スポンサーでもそうでなくても、撮影などには、費用がかかります。

それこそ、さまざまなイベントでミッキーマウスにぜひ来てほしい、と言われることがありますが、そういうときももちろん有料です。ミニーマウスもドナルドダックも、すべて費用がかかります。一つひとつ、細かく時間単位で価格が決められています。

もっといえば、ショーをやったとしたら、ダンサーや演出家にもギャラが発生します。なんといっても、ハリウッドでも踊ったりしている、プロフェッショナルたちなのです。

交通費もかかりますし、宿泊してもらったなら、宿泊費も必要です。

平日の夕方以降、企業や団体から東京ディズニーランドを貸し切りたい、というご要望をいただくこともあります。検討して対応しますが、もちろん、費用がかかります。そしてこのとき、キャラクターと社長を一緒に壇上に上げたい、といった要望が来ることが少なくありません。これにも対応します。もちろん有料で、です。ただし、スポンサーでない限り、その企業のロゴとディズニーキャラクターが一緒に掲載されることはありません。


旅行会社のパンフレットやポスターなどで、一部にロゴや写真をあらかじめ入れ、あとは自由にしていいような印刷物を作っていた、と書きました。

しかし、これも無料で提供するわけにはいきません。1枚いくらと価格を決めて販売していました。

こんなビジネスをしたら儲かるぞ、利益が出るぞ、と最初から考えていたわけではまったくないのです。必要なものを準備したり、用意していったりしたら、そこにマネタイズのチャンスが生まれてしまったのです。

何にでもカネを取る、という声が聞こえてくることもありました。しかし、だからといって無料で提供することができるでしょうか。

そういうわけにはいかない、ということはおわかりいただけると思います。

やるべきことをとことんとやる。そうすればだんだん価値が高まっていきます。そうすると、お金がついてくる。

そしてその「やるべきこと」が、とんでもないレベルに到達できているからこそ、高い売上高を、高い利益をあげることができるのだと思うのです。

第7章

- □今、ここでしか売っていないものか
- □思わず購買欲をくすぐられるような物語はあるか
- □来る度に違うものが売っているか
- □どういうところに感動するのか、まずは自分に常にアンテナを立てておく
- □やるべきことをとことんとやれば、あとからお金はついてくる

第8章

なぜ、次々にアイデアが出るのか

《常識の枠を取り払え》

ディズニー式4つのアイデア発想法

他にはないアイデアの作り方

たくさんの人を驚かせ、喜ばせ、感動させる。

ディズニーはどうしてそんなことができるのか、不思議に思う方も多いと思います。

実際、マーケティング担当者としてメディア関係者などとお付き合いしていると、そんな問いかけをいただくことがよくありました。なぜディズニーランドが他の遊園地と違うと言われるのか、国内、海外のお客さまを惹きつけることができるのか。それは、「他にはないアイデア」を出せることに他ならないと思います。

そこで、私が所属していた当時の東京ディズニーランドでどのようなアイデア発想法をしていたか、いくつかのキーワードに分けてみました。

何か新しいものを生み出そうとしても「つまらないな」と感じたり、どこか既視感のあるアイデアばかり出てくる、とお悩みの方に、ディズニーで行われていた「アイデア発想法」をご紹介したいと思います。

「ブルースカイ」――自由に発想してからフィルターをかける

ひとつめは、「ブルースカイ」。

何かのアイデアを考えようとしたときには、しばしばこんなことにならないでしょうか。

予算がそんなに使えるわけではないから、こんなアイデアはありえないだろう。こんなアイデアはこの会社では通るわけがないし、上司に何を言われるかわからない。面白いと思うんだけど、ターゲットは誰だ、とか言われると――。

ブルースカイというのは、そうした制限のようなものをすべて取っ払ったところで、アイデアを出し合おうという発想法です。とにかく青天井で、何の制限もないところから、発想していく。端的に言ってしまえば、フロアにいるスタッフ、それこそ役職者から一般社員から派遣社員からアルバイト、掃除のおばちゃんに至るまで、全員にアイデアを聞いてまわります。

どんなアイデアでもいいし、意見でもいい。それを片っ端からメモしていきます。もちろん担当社員たちも、思いつくままに、どんどんアイデアを出していく。奇想天外なアイデア、実現不可能と思えるアイデアでも、笑ったりする人はいません。

むしろ、最も問題視されるのは、何も発言しないことです。黙っていることこそが、やってはいけないこと。黙っているくらいなら、バカみたいなアイデアの切れ端でもいいからしゃべったほうがいい、というカルチャーでした。

そうしてこうして青天井で出して行ったアイデアを、次第にフィルターをかけてセグメントしていくのです。例えば、ターゲットというフィルターをかけてみる。場所というフィルターをかけてみる。さらには予算というフィルターをかけてみる。

最初からフィルターをかけるのではなく、最初は青天井で発想して、最後に徐々にフィルターをかけていくことで、セグメントしていく。そうすることで、思い切ったアイデアが最初から出てくるようになるというわけです。

「遊び心」――笑いながらアイデアを出していく

2つめのキーワードは「遊び心」です。

ブルースカイレベル、青天井で発想しろ、と言われても、なかなかアイデアが出てくるものではない。だから、そこに「遊び心」という要素を持ち込むのです。

ウォルト・ディズニー・イマジニアリングという会社があります。これは、ディズニーのアトラクションをすべて企画、開発している会社です。ロサンゼルス近郊にあり、一流のクリエイターたちが、次のアトラクションをどうするか、まさに発想し、形にしているのがこの会社。

ところが、やっていることは、とんでもないのです。ブルースカイで発想するところまでは同じなのですが、なんと、それを自分たちでも体験しようというのです。

私が見学に行ったとき、驚くべき光景を目の当たりにしました。

あるアトラクションで、目が回るという言葉が出てきた。そこですっくと立ち上がった一人の社員が、目が回るとはどういうことか、体験してみよう、と言い出したのです。

何をするのだろう、と思ったら、会社の中にあった洗濯機の中に顔を突っ込んでいるのです（ドラム式のような洗濯機でした）。ここに顔を入れてみれば、目が回るというのがどういうことか、わかるのではないか、と。

ちょっとクレイジーといえばクレイジーなのですが、なんとも「遊び心」のあるやり方だと私は感じました。みんなで楽しみながら、びっくりしながら、笑いながら、キャッキャと言いながら、アイデアを作り上げていく。

開発している人間が、眉間にしわを作って、ウンウンうなってアイデアを絞り出すのではない。楽しみながら、遊び心を持って、アイデアづくりの仕事をしているのです。

「常識外れ」——バカになって発想すれば怖いものはない

そして3つめのキーワードが、「常識外れ」です。アメリカ人とディズニーの仕事をしていたとき、改めて思ったことは、日本人はまじめ過ぎるんだな、ということです。ちゃんとしなさい、と子どもの頃から教育を受け、社会人になっても常識を叩き込まれていくから、なかなか思い切ったことができない。バカになれなくなっていくのです。

逆にアメリカ人は、常識があっても、そこからあえて踏み出していこうという意欲を持っているとひしひしと感じました。時にはバカになりきって、それ自体を楽しんでしまおうと思っている。なぜか。上司がそういうことを求めるし、そういう部下を認めてくれるからです。

アメリカ人は、上司になっても、常識にとらわれない、あるいは持っていないふりをします。上に行っても、上に行っても、そうなのです。

日本の起業家にも、常識外れのふるまいや名言を残した人がたくさんいます。そういう上司を持っていると、部下も常識外れのバカになりやすい、ということです。思い切ったアイデアが出てくるのだと思います。

例えば、入場者数１０００万人という計画。もし、日本の普通の会社であれば、この数字を見て、果たしてどう思うのでしょうか。

日本の人口の10分の１です。一見すると、とんでもないことのようにも思えます。常識で考えれば、そんなことはとても無理だろう、と。

しかし、ディズニーはそうは考えないのです。そんなにたくさん呼べるのか、それは面白い。やってやろうじゃないか。１０００万人が支持するものを作ってやろう。なんだ、そもそも日本人の10人に１人を呼べばいいだけだ、という発想になっていくのです。

最初から、なんとなくぼんやりとした常識には左右されない。バカになって、常識を外して考える。そうすると、思い切ったことができるようになるのです。

「シンプル」――一瞬でわかることの大切さ

４つめのキーワードは「シンプル」です。ディズニーの面白さというのは、極めてわかりやすい面白さなのです。長々とその良さを説明しなければならないようなものではない。ぱっと見てもらって、聞いてもらって、体験してもらえば、瞬時にその良さがわかる。そういう面白さを追求する。

どうしてそういうことができるのかといえば、結局、常に客観的に自分のアイデアを見られているからです。一方的な自己満足のアイデアにはならない。外から見て、どう見えるか。その意識をしっかり持っている。

このヒントになるものを、私は入社して間もなく、研修で体験したことを覚えています。後から考えれば、これはとてもディズニーらしいものだったな、と思うのです。それは何かといえば、「他己紹介」です。

新入社員研修などでは、自己紹介というのは、よくあるものだと思います。ところが、私が入社した当時は、自己紹介はありませんでした。2人ペアになって、ペアになった相手が、自分のことを紹介してくれる「他己紹介」だったのです。

まずは、5分間で相手のことを知る。このときに重要なのは、紹介されるみんなにとって、この人の魅力はどんなところなのか、ということをうまく探っていく必要があるということです。ここで重要になるのが、シンプル。シンプルに紹介しなければ、印象は残せないからです。

客観的にシンプルに人に伝えていくとは、どういうことか。それを学べた研修だった気がします。

感性とリサーチの双方向からアイデアを揉む

こうして書くと、ともすれば感性の部分だけでアイデアを出しているかのように思われるかもしれませんが、もちろんそうではありません。感性も重視しますが、科学的な部分ももちろん生かされます。先に書いたリサーチなども、アイデアを出す際の重要なヒントのひとつでした。

「マーケティングは、仕掛けを作るものではなく、人々が求めているものを、表に出していく取り組みだ」

というのが、アメリカ人のカウンターパート、ノーム・エルダーの口癖でした。そのためにも、リサーチは人々の欲求を知る重要なツールだったわけです。

しかし、リサーチを見ているだけでは、本当の欲求は見えてこない。そこに、４つの発想法が加えられていったわけです。ブルースカイから作り上げられたアイデアも、最終的にはマーケティングリサーチをしっかり取ってつき合わせていた、ということです。

ただ、「面白いからやってしまおう」ではないのです。

また、結果についてもシビアに見極められました。

アイデア＋リサーチをもとに行われた企画が、どのような結果を生んだか。それは常に把握され、次に活かされました。私もたくさんの企画に携わり、多くの成功も経験しましたが、正直、中には手痛い失敗もありました。

今も覚えているのは、ちょうど梅雨の時期、集客のための目玉イベントとして、ぜひやってみたかったことを実践したときのことです。私がピックアップトラックで通勤していたことはすでに書きましたが、もとより大の車好き。もっといえば、「アメリカン・グラフィティ」好きでした。

そこで、ドナルドダックのフェスティバル・アメリカというイベントにからめて、1950年代のアメリカ車、いわゆるフィフティーズを使ったパレードを企画したのでした。ところが、これが人を呼べなかった。この期間の入場者数が落ち込んでしまったのです。

これはイケると思っても、念入りな準備をしても、こういうことはある。その失敗をどう活かしていくかが大切ということを学んだ、貴重な経験となりました。

人を伸ばす、活かすチームを作る

自分で動くことができる人間になれる環境

思えば、私が勤務していた時代のオリエンタルランドは、とてもいい環境にありました。というのも、会社の上層部には出向者が多く、現場のことは現場の社員がわかっているはずだ、と仕事も権限もどんどん委ねてもらえたからです。

お前は面白いことを言うやつだ、とアメリカ人からも、日本人の上司からも言われてたきつけられて、私のやる気には一気に火が付いていきました。いろいろなアイデアを出し、本当にいろいろなことをやらせてもらいました。

やらせてもらった、というよりは、やるしかなかった、と言った方がいいかもしれません。開業日は確定していましたから、それこそやらなければいけないことは山積していました。しかも、誰もやったことがないことばかりですから、誰かが教えてくれるわけでもない。自分で考えて、自分で動くしかありませんでした。

ありがたかったのは、過去を踏襲させられるということがなかったこと。というより、踏襲する過去がなかった。おかげで、その後どこの会社に言っても、自分で仕事を作ることは簡単でした。そういう環境で育てられていたからです。

サルを木に登らせる大きな度量が、上司にあるか

常識にとらわれなかった分、摩擦も恐れませんでした。何がその時点で正しいのか、それがすべてのベースでした。たとえ摩擦があったとしても、時が過ぎれば、それはいずれスタンダードになるのです。

しかし、摩擦ばかり起こしていても、前には進めません。

そこで教わったのが、きちんと人間関係を作ることでした。言いたいことを言える、相手のことにも耳を傾ける環境を作っていくということです。

大胆な武勇伝を聞かせてくれた、当時のトップ高橋政知元会長。「好きなことをやりたいようにやれ」とハッパをかけてくれたディズニー社ディレクターのボブ・ボールドウィン。新入社員だったのに「提案してきたことは、どんどん好きにやりなさい。僕が最後の調整もするし、お金も引っ張ってくるから」と大きな度量を見せてくれた、三井

不動産から出向されていた上司、椿原久光さん。いつも相談に乗ってくれたプロモーション統括の岡村秀夫さん。

さらに、マーケティングについて何も知らなかった私をアメリカにも連れて行って育ててくれた、ノーム・エルダー。そして、なんといっても入社の日、「君たちはみんな、社長だと思って行動せよ。失敗したら、私が責任を取る」と言ってくださった当時の総務部長で、現在のオリエンタルランド会長の加賀見俊夫さん。新入社員になんてことを言うんだ、としびれたことを今も覚えています。

こんな素敵な人たちに乗せられて、馬鹿なサルが木に登ってしまったのです。

アメリカ人から信頼を得るために必要なこと

そしてもうひとつ、これはアイデアに限らないことではありますが、外国人上司とどう付き合うか、ということも、ディズニーの仕事で学ばせてもらったことだと思っています。

東京ディズニーランドは、アメリカ以外で初めて開業されるディズニーランドでした。しかもアメリカ人にしてみれば、東洋の未知の国での仕事になる。果たしてディズニーの感覚が本当に日本人に、とりわけオリエンタルランドの日本人社員に理解してもらえるのか、大きな不安を持っていたと思います。

実際、日本人は信頼してもらえていないんだな、という光景を目にすることは、一度や二度ではありませんでした。例えば、アプルーバル。原案承認、承認、最終承認と3段階あったと先に書きましたが、原案からして1回目でアプルーバルが通ることはまずなかったからです。

言葉は悪いですが、

「ディズニーのことが、そう簡単に日本人にわかるはずがない」

という見方もあるのでは、と私は感じていました。ディズニーを生んだのは、アメリカ人。東洋人が何を言っているのか、最終判断をするのはディズニーをちゃんと理解している我々アメリカ人だ、と。

ところが、私が所属していたマーケティングチームは、アメリカからのアプルーバルもすぐにOKが出るようになりました。

何が違ったのか。

私たちは、仕事の場でも、プライベートの場でも、面白がってアメリカ人たちと付き合っていた。それが大きかったのではないかと思っています。

アメリカ人にしてみれば、小さな東洋の国に少ない人数で送り込まれて、困惑の気持ちもあったと思うのです。一方の私たちは、せっかく日本に来てもらったのだから、日本を好きになってもらおうと思っていました。そこで、休日になれば東京を案内してあげたり、またバーベキューなどをしたりと、しょっちゅう遊びを共にしていたのでした。

こうして親しくなれば、「日本人もアメリカ人と同じようにクオリティが理解できるのかもしれない」という気持ちが生まれてくるのでしょう。対応がまるで変わっていったのです。まさに、人間関係づくりから信頼が生まれていったのです。

これはディズニーに限らないと思います。外国人と仕事をするのであれば、相手の立場に立ってみるといい。ほとんどの人が、日本人のことをよくわからないのです。そのためにも、まずは仕事以外のところで信頼関係を構築する。それは後々、大きな意味を持ってきます。私はそんなところまで、東京ディズニーランドで学ばせてもらったのでした。

「稼げる人間」に求められているのは、人と違うアイデア

では、最終的に国に関わらず、どういう人材が最も信頼に足るか。それは、間違いな

く「稼げる人間」だと私は思っています。もちろん、まっとうな正しいやり方で、チームをきちんと作れて、です。

そのために必要になってくるのが、言うまでもなく優れたアイデアです。お金は後からついてくる、と書きました。では、何が先に必要なのかといえば、まさにアイデアなのです。この力がすごいからこそ、ディズニーランドは稼ぐ力を持っている。それは、間違いのない事実だと思います。

だから、いいアイデアが出せる環境を意識します。会社も、幹部も、上司も、会社にとっていいアイデアこそが力の源泉だということが、よくわかっているのです。

まさに今、求められているのは、オンリーワンであり、オンリーリミテッド。これこそ、人と違うアイデアだと思うのです。

第8章

□「ブルースカイ」最初からフィルターをかけて発想していないか
□「遊び心」眉間に皺を作りながら考えていないか
□「常識外れ」知らず知らずにお利口さんになっていないか
□「シンプル」長々と説明しなくてもわかるものか
□アイデアには最後にリサーチを足してバランスをとる
□やりたいことをやるためにも、人間関係をきちんと作る

第9章 なぜ、ホテルを作ったのか

《相乗効果を狙え》

点から面に広げるマーケティング

クオリティを落とさず手を広げるために

1983年の東京ディズニーランド開業から5年後、隣接する敷地に6つのホテルが出揃いました。これらは、オフィシャルホテルと呼ばれました。入社4年目から開発部に異動して、このオフィシャルホテル開発の担当者の一人となったのが、私でした。

東京ディズニーランドに来られるお客さまが満足できるオフィシャルホテルをどのように作り上げていったのか、ということにも、周辺開発の際にブランドイメージを壊さないよう、また雰囲気を高めるようこだわり抜いたことも、それまでに学んだマーケティングの考えが非常に活かされました。

東京ディズニーリゾートという概念が最初からあったわけではないのですが、実は、東京ディズニーランド開発においては、テーマパーク用地とホテル用地を作ることが早い段階から決まっていました。

どうしてホテルなどの「外の関係者」が増えてもなお、ディズニーのブランドやクオリティは落ちることがなかったのか。

どうして第2テーマパークとしての東京ディズニーシーを作っても分散することなく入場者数を増やすことができたのか。

そうした疑問にお答えするべく、そもそもなぜ、東京ディズニーランドが浦安にできることになったのかというところから第2テーマパーク構想、ホテルのマーケティングまで（やや長いスパンのお話になりますが）ご紹介します。

東京ディズニーランドが千葉の埋立地にある理由

「東京ディズニーランドが失敗したら、取り壊して住宅地にしてしまうんですか」

「話は簡単じゃないか、東京ディズニーランドを成功させればいいのだから」

――これは入社後、私と当時の高橋社長が交わした、なんとも懐かしいやりとりです。

今思えば怖いもの知らずの新入社員ですが、なぜこのようなやりとりをすることになったのか。まずは東京ディズニーランドの歴史からお話ししたいと思います。

山本周五郎の小説『青べか物語』に詳しく書かれていますが、もともと浦安は、旧江戸川と東京湾、つまり川の水と海の水が混ざり合う、絶好のアサリやノリの産地でした。昔から、たくさんの人たちが、アサリ獲りやノリの採取を生業にしていたのです。

ところが、戦後の高度経済成長期、これは全国どこでもあったことですが、工場排水などによって河川が汚れてしまった。結果として、浦安のアサリやノリも死滅してしまったのです。産業を失い、地域は活力を失いました。

そこで出てきたのが、埋め立て地による地域再生、という発想でした。そして1960年代以降、今の浦安市の4分の3に当たる広さの海を埋め立てたのです。この埋め立てを請け負ったのが、三井不動産と京成電鉄が出資して作った会社でした。

これこそが、オリエンタルランドです。

埋め立て地は大きく3つに分かれていました。今や住宅地になっているA地区とB地区、そして東京ディズニーリゾートのあるC地区。

オリエンタルランドは、千葉県から埋め立てを請け負い、工事代金としてC地区を譲渡されました。しかし、開発には条件が付きました。公共的な施設を作りなさい、というものです。

そこで出てきたのが「遊園地を作る」、というアイデアだったわけです。

しかし当初、この遊園地がうまくいかなければ、更地に戻して住宅分譲地として販売してもいい、とされていたそうです。

オリエンタルランドに入社後、この事実を知り、私は当時の高橋社長に「そんなことはさせたくない」と直談判に行きました。そこで前ページのやりとりになったわけです。そして社長は笑いながら続けました。

「そのために君たちは頑張っていくんだよ！」

ホテルを使ったマーケティング

埋め立ての代金として受け取ったC地区は、まさに巨大な敷地でした。東京ディズニーランドの敷地はもちろん、ホテルの敷地、さらにはＪＲ舞浜駅、駅前ショッピングモール「イクスピアリ」など、駅周辺の敷地も含まれていました。

つまり当初から、東京ディズニーランドは滞在用のホテルを併設することを決めていたのです。もとよりアメリカのディズニーランドにもホテルが併設されていましたから、これは自然な流れでした。

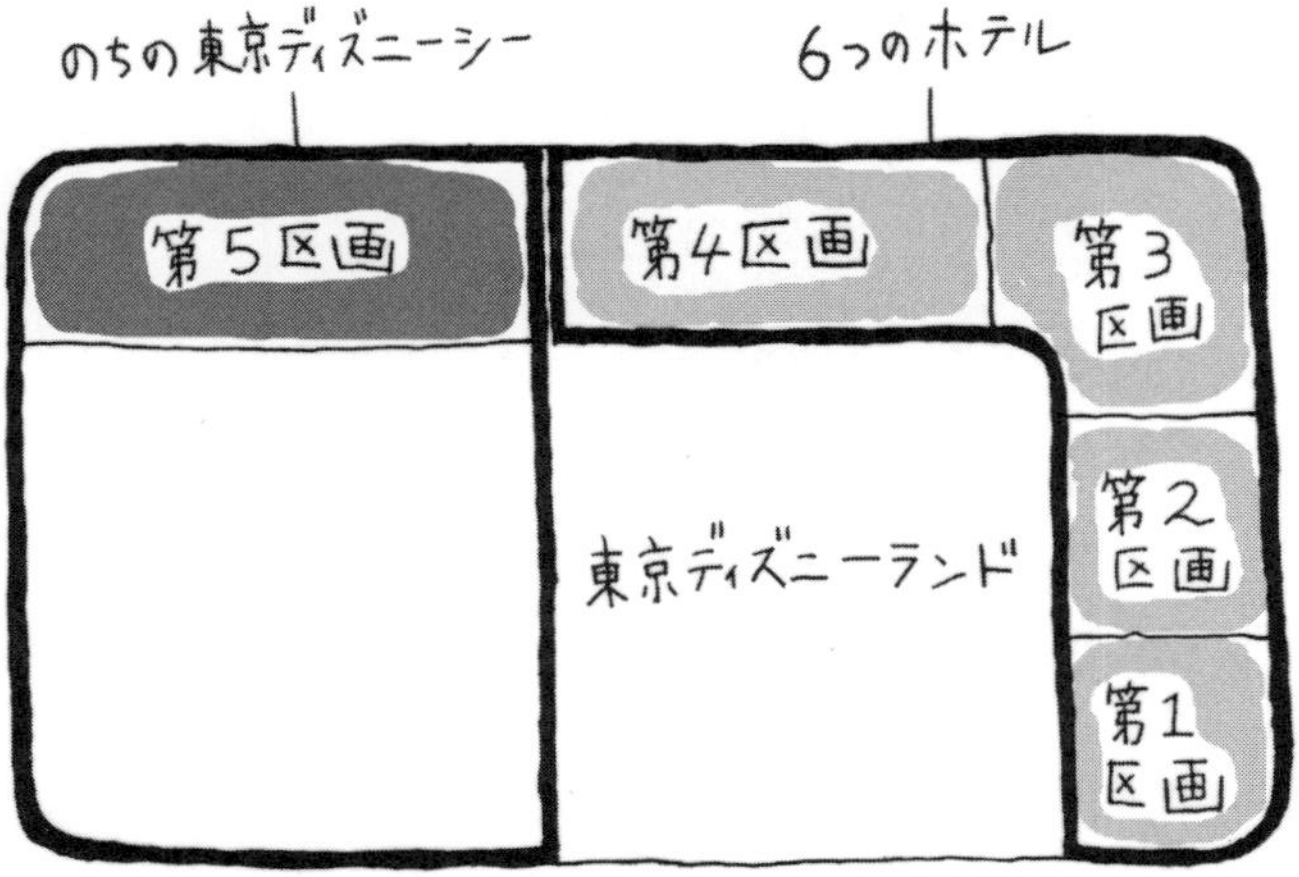

ホテル用地は第1から第5区画まで分かれていました。アメリカでは、ホテルはオーナーと運営会社が分かれているのが一般的です。日本でもその形式が踏襲されました。

折しも、東京ディズニーランドには多くの建設会社が携わっていました。いくつかの建設会社、さらには不動産会社がオーナーとなり、第1区画から第4区画までに、6つのホテルができることになりました。

実は、第5区画は、オリエンタルランドがホテル用地として確保していました。アメリカのように、直営ホテルをいずれ造ることになるだろう、と見込んでいたのです。しかし、この計画は途中で変更されることになります。

このホテル用地で確保されていた第5区画こそ、実は東京ディズニーシーの一部になった場所なのです。ホテルを造るはずが、第2テーマパーク構想が浮かび、計画を変えたのです。

なぜホテルを作ったのかといえば、アメリカのように、東京ディズニーランドを滞在型のリゾートにするためです。しかし、もちろんディズニーに関わるものですから、アメリカとのパイプが必要になる。

そこで、ディズニーブランドをしっかり理解していて、調子のいいヤツを担当に付けろ、ということになり、私に白羽の矢が立ったのでした。

入社4年目、私は開発部に異動になりました。

「リゾート」を作るべく、周辺開発も「ディズニー式」で

オフィシャルホテルの担当になるにあたり、まず私に命じられたのは、アメリカを見てくることでした。アメリカのウォルト・ディズニー・ワールドにも、ウォルト・ディズニー・ワールド・オフィシャルホテルがあり、そのシステムを勉強するために、また研修に行かされたのです。

当時、アメリカで研修する私を受け入れてくださったのが、ヒデオ・アメミヤさん。

アメリカのテーマパーク部門唯一の日本人で、ディズニーランド・ホテルの総支配人を務めた人です。立教大学を卒業してアメリカに渡り、ずっとディズニーで仕事をしていました。もう亡くなられてしまったのですが、ウォルト・ディズニー・カンパニーで最も有名な日本人でした。

オフィシャルホテルとは何か。どのように連携するのか。どんな契約になっているのか。いろいろなことを学び、日本に戻りました。

そこから、実際のオフィシャルホテルとの契約という山場が待ち構えていました。このときディズニー側の窓口になったのが、法律部門のトップだったスティーブ・ナカソネさんという日系アメリカ人でした。

契約書類の作成はじめ、あちこち走り回ったのを覚えていますが、この頃から出てきたのが、「リゾート」という概念でした。オフィシャルホテルに対して、ディズニーが目指しているものとして、ナカソネさんと2人で勝手に「リゾート＝理想土」と書いて説明をしていました（今では信じられないかもしれませんが、リゾートという言葉は、日本では、まったくメジャーな言葉ではなかったのです）。

そしてこのオフィシャルホテル周辺をリゾートにするべく開発を委ねられていたのも、私の属していた現・加賀見会長直轄の開発部でした。

現在、ホテルの裏手には道路があり、パームツリー（ヤシの木）がずらりと並んでいますが、この道路ができたのも、そのときなのです。当時、この道路はオリエンタルランドの敷地でしたが、今は自治体の持ち物になっています。

私は、カリフォルニアのサンセット通りをイメージしていました。このパームツリー道路の構想を話したとき、「ここは日本なんだからそんなものはいらないよ」と言うアメリカ人もいましたが、

「いや、リゾートのムードを出すためには絶対に必要なんだ。ここは信じてほしい」と私は折れませんでした。ここでも、「これくらいでいいか」とは言いたくなかったのです。

実は、パームツリーが自生するのは、日本ではここ浦安が最北端の地だと言われています。当時、パームツリーがとても美しいということで宮崎に何度も出張して、関東でも枯れることのない種類を探し回っていました。そんなとき、神奈川県の逗子マリーナにもパームツリーがあると聞いて、その種類なら大丈夫だ、と確信したのでした。

そしてパームツリーに加えて沖縄のデイゴも植えて、日本にはまだない、リゾート地の雰囲気を作り出していきました。

「東京ディズニーランド駅」にしなかった、本当の理由

ＪＲ舞浜駅がある場所も、かつてはオリエンタルランドの土地でした。駅も含めた再開発で、舞浜駅を作り、ＪＲ東日本に売却しました。よく訊かれるのは、どうして東京ディズニーランド駅にしなかったのか、ということです。

東京ディズニーランド駅にすれば、誰にもわかりやすい。何よりディズニーランドの宣伝になる、野球場のようにネーミングライツにするビジネスすらあるのに、と。

しかし、ここでも、ディズニーの徹底したブランドコントロールが効いていました。「絶対にそんなことはしてはいけない、ディズニーの名前は神聖なるもの」というのが表向きの理由でしたが、本音は他にあります。

想像してみると、とても簡単です。駅名にすると、誰もが使えてしまうようになるからです。××スーパー東京ディズニーランド駅前店、たこやき××東京ディズニーランド駅店、東京ディズニーランド駅前クリーニング……。

駅名使用を許してしまえば、名前はどんどん一人歩きして、ディズニーのブランドコントロールの及ばないところに行ってしまうことは確実だった。だからこそ、駅名には

しなかったのです。

オフィシャルホテルのマーケティング

ブランドコントロールといえば、オフィシャルホテルを造る際にも徹底していました。まず、ホテルから東京ディズニーランドの中が見えないようにする、ということに加えて、東京ディズニーランドからもホテルが見えないようにしてあるのです。

そのために、ホテルは高さ41mまで、と決めました。あんなに大きな敷地なのに意外にホテルは低層だな、と思った方もいらっしゃるかもしれませんが、実は高さ制限が設けられていたのです。

また、ディズニーのクオリティをデザイン面でも守るように、厳しいデザインガイドラインを設けました。例えば、鮮やかな赤を使用してはいけない、クリスマスのときに派手なリムランプをつけてはいけない、など看板の色やデコレーションにまで口を出しました。

そしてオフィシャルホテルであることをうたい、東京ディズニーランドに隣接できる見返りとして、共同プロモーション代という名目でのフィーを発生させることになりました。無料でディズニーを語らせるわけにはいかない、というわけです。

「どうやってフィー設定をするか、どういう基準にするか、考えてほしい」

ということで、私にその命が下ったのでした。

様々なプランを考え試算しましたが、最終的に私が提案したのは、客室1室あたりいくら、という計算にすることでした。400室のホテルなら、400室×フィー。これを年間の使用料にする。とてもシンプルですがわかりやすいということで、あっさりとこの案が採用されました。


ホテルを開業させるにあたり、マーケティングも新しい段階に移行することになりました。東京ディズニーランドとオフィシャルホテルの一体マーケティングを考えなければならない、ということです。

これは面白いことになった、と私は思いました。

何しろ、ホテルに宿泊できることを考えると、これまでになかった相乗効果が狙えるのです。また、東京ディズニーランド内での課題をホテルで解決できるかもしれない、と思いました。

最初に取り組んだのは、言うまでもありませんが、日帰りでは来ることができないエリアへの宣伝活動、プロモーション活動でした。それまでも幾度となく地方にキャンペーンに出掛けていましたが、またまたキャラクターやダンサーを引き連れて、全国キャンペーンに向かいました。

例によって、地方のテレビ局とも組みました。このときの目玉になったのが、宿泊券プレゼントです。これには、大きな反響がありました。

また、当時、東京ディズニーランドで大きな課題になっていたのが、混雑でした。人気の高まりから入場者数が急激に増え始めていたのです。アトラクションはさておき、悩みはショッピングエリアでも混雑が激しいことでした。

そこで、ホテルに提案を持ちかけました。

「東京ディズニーランドでしか買えないものを、ホテルでも買えるようにしようと思うが、どうだろうか」

これは限定感が出るということで大喜びされました。

ぜひ場所を提供したい、ということで話が進み（ここでも例によって無料、というわけにはいかなかったのですが）、ホテルに「ディズニーファンタジー」という直営の売店を出すことになったのです。宿泊者はホテルで買える、混雑なしにじっくり見てお土産が買える、しかもそのまま部屋に持って帰れる、というのは、オフィシャルホテルの大きな魅力になりました。

しかし、私としては、もうひとつ、何か一体マーケティングでいいアイデアがないか、と思っていました。これぞ宿泊者にとっての特典、というものがほしかったのです。そんなとき、先の課題、「混雑」にもつながるのですが、「ホテルの宿泊者は優先的にパークに入れる、という特典をつけたらどうだろう!」と閃いたのです。

園内に一般の入場者よりも早く入れるというこのサービスは今も、ホテル宿泊者にとっての大きな魅力になっているようです。

「期待していないところで、ポンと」出す

ホテルの開業は、サンルートプラザ東京を皮切りに順次行われていきました。

オープンの度に、オープニングイベントが行われ、ミッキーマウスがやってきて、テープカットが行われ、大々的にメディアにも報じられました。オフィシャルホテル担当だった私は、オープニングセレモニーのサポートでかけずり回っていました。

当初は客室数がそれほど大きくなかったこともあり、ほとんど予約が取れないほどの

好評になりました。

しかし、私はひとつ気がかりなことがありました。

少なくないお客さまが、オフィシャルホテルを東京ディズニーランドの一角だと思っている、ということです。

実は、ホテルの中には、直営ショップの「ディズニーファンタジー」以外にディズニーのキャラクターはどこにもありません。ディズニーキャラクターの写真も飾ってはいけない。使うなら、事前に申請が必要。それも、契約で取り決められていたことでした。

ホテル側は、ディズニーランドのオフィシャルホテルに宿泊した方々が間違いなく満足度を高めるであろう、ディズニーグッズが使えないのです。これは、痛かったはずです。

そこで私は一計を案じました。

ディズニーキャラクターをホテルでは使えません。けれど、ディズニーランドや「ディズニーファンタジー」で自分たちで買ってきて、それをお客さまにサプライズでプレゼントする分にはまったくかまわないはず。私はこう伝えていました。

「まず、グレードの高い部屋に泊まってくださったお客さまには、小さなものでかまわないので、ウェルカムグッズとしてキャラクターのぬいぐるみをお部屋に置いてはどうでしょうか？　これだけで印象はまるで変わりますよ」

東京ディズニーランドでマーケティングの仕事をずっとしてきた私でした。版権や契約についても充分理解しているからこそ、ホテルにいろいろなアドバイスをさせていただけたのでした。

次第に、オフィシャルホテルで結婚式を挙げた新婚カップルが宿泊することも増えていきました。私がアドバイスしたのは、東京ディズニーランド内で売られている、とっておきのグッズを用意することでした。

それは、ガラスの靴です。

東京ディズニーランドのシンデレラ城の下には、ガラス工芸品を扱っている店があります。そこでは、ガラスの靴に名前を入れてくれるサービスがあるのです。新婚カップルに何か喜んでもらえるものはないか、と考えていたときにそれを思い出し、「これは使える！」と思ったのでした。

新婚のお客さまには奥さまの名前を事前に聞いておいて、名前を彫り込んだガラスの靴を、宿泊する部屋にラッピングして置いておくのです。

新婚カップルが、うれしそうに部屋に入ってくる。すると、デスクの上にプレゼントが置いてある。なんだろう、と開けてみると、名前入りのシンデレラのガラスの靴――。なんともロマンチックなのです。これも大好評だったと聞いています。

ぬいぐるみもガラスの靴も、当時、すべてのホテルがやっていたと思います。

ちなみにこのガラスの靴は、友人の新婚夫婦にもプレゼントしたことがあります。とても喜ばれたことを覚えています。

オフィシャルホテルでの結婚式も次第に人気になっていきましたが、ここでもホテルの設備の中にディズニー色のあるものはありませんでした。しかし、どう考えても、新婚夫婦はディズニーの大ファンのはずなのです。だからこそ、オフィシャルホテルでの結婚式を選んでくださっている。

そして、オフィシャルホテルで結婚式をするのであれば、当然ディズニーキャラクターをみんなにお披露目したいだろう、と私は考えました。

そこで私は、小さなミッキーマウスのちょっとした上品な小物を買ってきて、さりげなく披露宴会場の各テーブルの中央にひとつずつ置いておくのはどうでしょう、とアドバイスしていました。これでも十分、ディズニーの雰囲気は出てしまうから不思議です。

また、引き出物をディズニーに関連したものにする、という方法もあるとアドバイスしました。そうして、ミッキーマウスの掛け時計など、たくさんのディズニーキャラクターの引き出物が結婚式で出されるようになりました。

他に人気があったのが、お子さんの誕生日だと伺えば、パーク内で売っている風船にメッセージカードをつけてバスルームにこっそり置いておく、というもの。そして、お父さんお母さんにだけ、教えておく。

何も知らないお子さんが、バスルームのドアを開けた瞬間、目の前にミッキーマウスの風船と「○○ちゃん、誕生日おめでとう」と書かれたカードが飛び出してくる。思ってもみなかったプレゼントに、お子さんは大喜びになる。これも大好評でした。

東京ディズニーランドでどんなものが扱われているか詳しく知っていた私は、いろんな演出の方法をお教えしました。ただ、大っぴらにすることはできない、いわば秘密のアイデアです。ホテルの方々を数十人集めた席で、こっそりお話ししていたのでした。

そして、ここでお伝えしていたのは、まさにディズニー的なマーケティングの発想でした。

「期待していないところで、ポンと出す」

「これでもか、これでもか」の進化バージョンです。

だからこそ、みんな驚き、感動するのです。

私は今も、オフィシャルホテルの方々とはお付き合いがあります。もうオフィシャルホテルを離れた方も少なくありませんが、ときどき、何かアイデアはない？　と尋ねられたりします。大学で講演を依頼されたこともありました。

とことん人に喜んでもらうのが好きなのだな、と自分について改めて感じています。だから、いろんなアイデアが出たのだと思います。

第2テーマパークで2倍以上の価値を

「この指、止まれ」のお客さまは分散しない

第2テーマパークがオリエンタルランド社内で話題になり始めたのは、東京ディズニーランド開業から3、4年経った頃だったと記憶しています。

東京ディズニーランドの成功が確信でき、さらにオフィシャルホテルも誘致した。ちょうど、第5区画というホテル用地として取って置いた土地もある。アメリカ側も、これならいけるのではないか、ということで日米合意をしたのだと思います。

一般社員だった我々にも、第2テーマパークの話は少しずつ入ってきていましたが、当時はまだ舞浜駅の周辺開発も推し進めていた頃。それよりも、今はイクスピアリがある場所をどうするのか、何を作るのか、というほうが先決でした。

ただ、第2テーマパークを作ると聞いて、ネガティブな反応をした社員は一人もいなかったのではないかと思います。私自身も、まず頭に浮かんだのは、これで2倍の人が

呼べるな、ということでした。

東京ディズニーランドのお客さまが、新しいテーマパークに向いてしまって、お客さまが分散してしまうのではないか、ということはまったく考えませんでした。また何か面白いことができる。そうすれば「この指、止まれ」ができる。みんなに喜んでもらえる。驚かすことができるし、感動させることができる。そんな感覚でした。

１９８８年４月15日。東京ディズニーランド開園５周年の記者会見で、当時の高橋政知社長から第２テーマパークの構想が正式に発表されました。

海をテーマにしよう、というアイデアを出したのも高橋政知社長でした。そこから東京ディズニーシー――ここに来れば世界の海を堪能できる、というコンセプトが生まれていきました。

アメリカ側には、海というテーマに懐疑的な見方をする声もあったようですが、東京ディズニーランドを成功させた高橋社長はまさにディズニーレジェンドの一人。彼が言うのなら、間違いはないだろう、ということで落ち着いたようです。

アメリカ人の発想×日本人の技術

具体的に、どんなテーマパークにするかは、前章でも紹介したウォルト・ディズニー・イマジニアリングがコンセプトづくりを担当しました。このときも、まさに「ブルースカイ」で発想がなされたと聞いています。

海がテーマなのに真ん中に火山を設ける、などというのは、ちょっとやそっとでは出てこないアイデアでしょう。入り口をイタリアのベネチアやイタリアのポルトフィーノ村のイメージにして、そこから海が広がっていく展開にする、というところあたりまでは、入社から10年で退職した私の耳にも少し入ってきていた情報でした。

さすがはディズニーの発想だと私も感心したのですが、実は火山に関しては、大きなヒントがあったようです。

その頃、熊本県の阿蘇山が噴火して火山灰がたくさん降ったというニュースが流れていたのです。たまたま日本に出張に来ていたウォルト・ディズニー・イマジニアリングのスタッフがそれを見て、火山だ、と言い出した、と。

思いついたことは、どんどん口にして、思いも寄らないことを実現させてしまうディズニーらしいエピソードです。

そこから、火山が火を噴く、などいろいろな構想が出てきたようですが、それこそ、人口の山から火が噴く、などというものが消防法でＯＫになるかどうか。実は、そうした構想を具体的に実現させたのは、日本の技術なのです。いろいろと調べ、二重の弁をつけ、大きく燃えても一気に消せる技術を開発した日本人がいたのです。

アメリカ人のスケールの大きな発想と、それを細かくケアする日本人の技術と。

東京ディズニーランドがアメリカのノウハウでスタートしたテーマパークだとすれば、東京ディズニーシーは、まさに日米の合作となったテーマパークだと思います。

アメリカのとんでもない発想を実現させてしまう能力が、日本にはあったのです。これは間違いなくヒットするな、と思っていましたが、実際には想像以上でした。

そして今はダッフィーが新たな世界観を東京ディズニーシーに作り上げている。日本パワーは素晴らしいな、と感じています。

第9章

□手を広げるときこそ、ブランドコントロールを徹底する
□組み合わせの発想で、今ある問題は解決できる
□「この指止まれ」で集まっているお客さまは、分散しない
□「期待していないところでポンと出す」で、驚きと感動が生まれる

おわりに

ディズニーの学びがあったからこそ、築けたキャリア

東京ディズニーランド開業から8年、入社から10年で、私はオリエンタルランドを退職しました。ディズニーに関わる仕事は本当に刺激的で面白いものでした。しかし、私は10年で退職することを入社時点で決めていました。10年でひとつの区切りをつけて、新しいステージに向かおうと思っていたのです。なぜなら、そのほうが人生は面白そうだから。

次に私が選んだのは、日産自動車でした。もともと車好き人間。いつかは自動車を作る側で仕事をしてみたいと思っていたのです。

日産では、営業企画で新しい施設づくりに携わったり、コンセプトカーのプロジェクトにも加わりました。英語ができることから、海外のマーケティングにも携わりました。最後に携わったのが、ホームページを各社が作り始めた黎明期に関わった日産のホー

ムページ「羅針盤」です。私はインターネットの技術についてはわかりませんでしたが、マーケティングの立場からアドバイスをしていました。この「羅針盤」は当時、インターネットにおいて日本初、世界初の試みを積極的にしている、ということで大きな注目を浴びることになったのでした。

次の就職先は、このホームページを見た人から「あなたと話がしたい」と呼び出されたことに始まりました。NTTの当時の常務取締役でした。4年間の日産自動車勤務の後、私は民営化されたばかりのNTTでコンテンツ開発などの経験を積むことになりました。

4年でNTTを離れたのは、大阪に「ユニバーサル・スタジオ・ジャパン（USJ）」を作るというプロジェクトがアメリカでスタートし、アメリカ人の友人——あの、カウンターパートであったノーム・エルダーその人なのですが——から、一緒にやらないか、と声をかけてもらったためでした。

アメリカ採用で日本に出向、マーケティング担当者としてUSJの開発に携わりましたが、1年半余りで離れることになりました。ディズニーランドとは考え方が根本的に違うと違和感を持ち始めた頃、またまた別の友人がITの会社を上場させたいので手伝ってほしい、と言ってきました。そこで東京に戻り、その会社の常務取締役として就任しました。

上場後にその会社を離れ、その後は秋元康さんと一緒に会社を興したり、独立してカフェを東京と大阪に開いたり、玩具メーカーの社外取締役、さらには事業戦略担当者に、とキャリアを広げていきました。

2006年からはフランスのパリ、トゥールーズ、グルノーブルに駐在して子会社の再構築を行い、その後は上場コンテンツ会社の国際統括部長に就任。さらに、別の上場コンテンツ会社から声をかけられ、常務執行役員に。業績アップに貢献、株価は入社後から8倍になり、退職をしました。2012年には会社の社長を任されました。

本当にいろいろな会社でいろいろなビジネスに携わることができ、成果を挙げ、いいポジションで仕事をさせてもらうことができましたが、私の原点にあるのは、やはりディズニーでの学びです。

自ら仕事を創る。

求められているものを引き出す。

人を喜ばせる。メディアをうまく使う。

アイデアをブルースカイで考える。

そして何より徹底的にクオリティにこだわる――。

私が２０１２年から任されている会社ではさまざまな事業を展開していますが、そのひとつにアメリカ企業とコラボレーションで始めた、ＥＶ事業があります。シャレた電気自動車を走らせよう、というプロジェクトです。

しかし、単なる電気自動車ではありません。あのジェームス・ディーンも愛していたポルシェのレプリカを改修。エンジンをモーターに換装、外装を整備して、性能、スペックはそれ以上の電気自動車に改造して走らせるのです。

不格好で無個性の電気自動車ではない。電気自動車だから、こんな車でいいや、ではない。街を走っていれば、間違いなく車好きが振り返る。あれはなんだ、と思われる。そんな電気自動車のビジネスに、私は偶然アメリカで出会ったのでした。

１台９８７万円。さて、高いと思われるでしょうか。しかし、すでに予約が入り始め、生産が間に合わない状況になっています。

因みにこのビジネスにもオリエンタルランドの元同僚である、アメリカ在住のサム・オカモトさんが関わってくれ、大いに盛り上げてくれています。

必要なのは、面白がること、人をあっと言わせようとすることなのです。それもないのに、どうして人が振り向いてくれるでしょうか。

それこそ私がよく言うのは、「好きな女の子を驚かせるためには、どうすればいいか。それこそがビジネスの原点だ」ということ。私は昔、自動車に大きなリボンをまいて「プレゼントだ」と迎えに行ったことがあります。あのときの、驚かれた顔を今も覚えています。

さて、みなさんは、どんなアイデアが思い浮かびますか。それこそ青天井、「ブルースカイ」で考えてみてください。自らが、とことん面白がりながら。


お客さまを感動させるほどのこだわりで、果たして仕事ができているか。

それを教えてくれたのが、ディズニーでした。

そして何より、私の中のディズニーのマーケティングは、やはりこの一語に集約されるのです。

「これでもか、これでもか」。

どんな仕事をするときにも、私はこの言葉を、今も思い出しています。

たくさんの人たちを喜ばせ、楽しませ、驚かせ、感動させたい。

そんな思いを持っているビジネスパーソンのみなさんに、本書が、わずかでもお役に立てれば、大変幸いです。

2013年5月

ディズニー・クルーズの日本版と、ディズニーエアラインの実現を夢見て　渡邊喜一郎

Special Thanks to：（順不同）

高橋政知さん、Card Walkerさん、加賀見俊夫さん、江戸英雄さん、
椿原久光さん、Bob Baldwinさん、Norm Elderさん、Larry Billmanさん、
Bob Mooreさん、岡村秀夫さん、Hideo Amemiyaさん、Mas Imaiさん、
夏井靖則さん、名倉正弘さん、Wakako Yasunariさん、北原照久さん、
岡本博嗣さん、下山好誼さん、富山幹太郎さん、Coppe Sweetriceさん、
渡辺幸裕さん、由良拓也さん、山崎祐司さん、川嶋一泰さん、実吉徹さん、
平井一麥さん、塚田眞弘さん、酒井利夫さん、古川愛一郎さん、
Ricky Watanabeさん、三森隆さん、本田直之さん、菊地俊彦さん、
Sam Okamotoさん、Shige Suganumaさん、Megumi Sawaさん、
Disney Dream Keepersの方々、
オリエンタルランド在職中の同期ならびに諸先輩方

この本を世に送り出すことに多大なご尽力をいただいた
上阪徹さん、田中裕子さん、和田史子さん、土江英明さん、藤岡比左志さん

そして、偉大なるウォルト・ディズニー、ならびにディズニー好きの
すべての方々に感謝申し上げます。

ありがとうございました。

Aloha & Mahalo
渡邊喜一郎

［著者］
渡邊 喜一郎（わたなべ・きいちろう）
1959年生まれ。1981年、大卒／高卒の定期採用2期生として、オリエンタルランド入社、運営本部マーケティンググループに配属。東京ディズニーランドのオープンに向け、マーケティング全般に携わった。当時はまだ確立していなかった集客、ブランド構築、知名度向上からツアー企画やプライシングなどのしくみづくりまでを行い、2年目に目標の入場者数1000万人を達成した。開業後はリピーター獲得、マスコミ戦略策定など新しい試みの仕掛け人として活躍したのち開発部に異動、オフィシャルホテルオープン、ディズニーリゾート全体の開発を手がけた。
東京ディズニーランドで得たマーケティングの経験を活かし日産自動車、日本電信電話、米国Universal Studio社、タカラトミー、アトラスなどを経て、現在、Pirates Factoryの代表取締役社長、キャラアートの取締役である。趣味はクラシックカー再生、愛犬家でもある。

ディズニー　こころをつかむ９つの秘密
——97%のリピーター率をうみ出すマーケティング

2013年５月16日　第１刷発行
2023年４月28日　第７刷発行

著　者——渡邊喜一郎
発行所——ダイヤモンド社
〒150-8409　東京都渋谷区神宮前6-12-17
https://www.diamond.co.jp/
電話／03･5778･7233（編集）　03･5778･7240（販売）
装丁、本文デザイン—松 昭教
カバーイラスト—久保路子
本文イラスト—淵上冴己
本文DTP——桜井 淳
製作進行——ダイヤモンド・グラフィック社
印刷————勇進印刷（本文）・加藤文明社（カバー）
製本————本間製本
編集協力——上阪 徹
編集担当——田中裕子

ISBN 978-4-478-02254-2